Francia Kulináris Művészetek

Az Ízek Varázsa Párizstól a Proust-ig

Émilie Dupont

Tartalom

zöld gazdálkodás 6
Dekonstruált BLT és tojás 7
Rák és grapefruit saláta 9
Kuszkusz saláta 13
    gabona saláták 15
Quinoa, gyümölcs és dió saláta 17
Búzabogyó és tonhal saláta 20
Lencse, citrom és tonhal saláta 22
Burgonya chips tortilla 24
Baszk burgonya tortilla 26
"Tartine" padlizsán paradicsommal, olajbogyóval és uborkával 31
    zeller hámozása 33
Tök-Gorgonzola Flans 34
Sajtos Crème Brûlée 37
    comté sajt 39
Sajtos szufla 40
    tojás friss és extra friss 41
Münsteri sajtos szufflé 43
Receptváltás hagyma "Carbonara" 45
Gérard mustártorta 47
    mustár 52
Gorgonzola-Alma Quiche 53
Quiche Maraîchère 56
Spenót és bacon Quiche 59
Gombás és mogyoróhagyma Quiche 61
Krémes gomba és tojás 63
Paradicsomos és sajtos tartlet 65
Friss tonhal, mozzarella és bazsalikomos pizza 68
Fésűkagyló és hagymás torták 72
Füstölt lazac gofri 75
Hajdina Blini füstölt lazaccal és Crème Fraîche-val 79
Tonhalba csomagolt piquillo paprika 82
    piquillo paprika 85
Téli Ceviche 86
Tonhal és mangó Ceviche 88
Lazac tatár 91
Lazac és burgonya egy dobozban 95
Rákos-avokádós ravioli 99
Garnélával töltött cukkini virágok 101
Szardínia Escabeche 105
Csirkemáj ecetes hagymával 109
    ízlelje meg a belsejét 113

Káposzta és libamáj kötegek 115
Sziklatojások libamájjal 117
   szarvasgomba 119
CSIRKE ÉS KACSA 121
  Csirke és kacsa 122
Rántott csirke Les Paresseux számára 124
   megmosni a csirkét vagy sem? 128
Siess, és várd meg a sült csirkét 129
Armagnac csirke, M. Jacques 132
   Drágám 134
Csirke fazékban: fokhagymás és citromos változat 136
   tartósított citrom 139
Basquaise csirke 141
Tagine csirke édesburgonyával és szilvával 146
Csirke kuszkusz 150
A csirkemell diable 154
Csirke, alma és tejszín à la Normande 157
Fahéjas-Crunch csirke 160
Curry csirke, paprika és borsó en Papillote 162
Csirke B'még 164
Oliva-olíva Cornish tyúk 169
Kolbásszal töltött cornwalli tyúkok 171
   kacsamell: az alapok 173
Húszperces mézes-mázas kacsamell 175
Kacsamell friss őszibarackkal 177
Serpenyőben sült kacsamell kumquattal 180
MARHA-, borjú-, sertés- és bárányhús 183
  Marha-, borjú-, sertés- és bárányhús 184
Bistrot Paul Bert paprika steak 186
   les frites 190
Cafe Salle Pleyel Hamburger 192
My Go-to Beef Daube 196
Marhapofa daube sárgarépával és könyökmakarónival 200
Boeuf à la Ficelle (marha a húron) 203
   marha a madzagon, mit mondj? 209
Rövid bordák vörösborban és portóiban 215

zöld gazdálkodás

Ha salátafőzeléket kap a piacról, mossa tisztára, szárítsa meg teljesen, és tegye egy nagy műanyag zacskóba, lehetőleg cipzár nélkül. Hagyjon néhány hüvelyk helyet a tetején, húzza fel a táska nyakát, és fújjon annyi levegőt a táskába, hogy az oldalait kinyomja. Folytassa a "lufi" gondolkodást, és a tetején zárja le a táskát egy csavart nyakkendővel.

Ha a zöldségek frissen készültek, a zsákban lévő szén-dioxid egy hétig ragyogóan és frissen tartja őket – ne felejtse el belélegezni a zacskóba minden alkalommal, amikor kinyitja.

Dekonstruált BLT és tojás

VOLT EGY PILLANAT FRANCIAORSZÁGBAN, amikor csak annyit lehetett megfejteni: egy cézársalátát, amelyet hozzávalóival tányérra rendezve tálaltak; ugyanaz a klub szendvics; és még olyan regionális kincseket is, mint a piperates ([>]), a Pays Basque-ból származó párolt paprikakeveréket darabonként szedték szét, és a Humpty Dumptyhoz hasonlóan nem rakták vissza. Ennél az ételnél úgy döntöttem, hogy dekonstruálom a szendvicset és salátázom is.

Egy BLT dekonstrukciójaként indult ropogós szalonnával, rukkolával (mert több íze van, mint a salátának), valamint friss és szárított paradicsommal, mindezt vinaigrette-be dobva, a tetején pedig lejárt földről mentett krutonnal. kenyér. Az utolsó pillanatban arra gondolva, hogy a barátaimnak valami tartalmasabb ebédre van szükségük, tettem hozzá kemény tojást, és meglocsoltam majonézzel. A tojás hozzáadása azonnal felismerte a salátát francia barátaim számára – megnézték az ételt, és úgy döntöttek, hogy ez egy dekonstruált oeufs majonéz. Bárcsak a kulturális szakadék áthidalása mindig ilyen egyszerű volt.

6	szalonna csíkok
2	nagy vastag szelet vidéki kenyér, felkockázva (kb. 1½ csésze)
3	nagy marék rukkola, leöblítve és szárítva
3	evőkanál apróra vágott olajba csomagolt szárított paradicsom, lecsepegtetve
	Mindennapi vinaigrette ([>])
	Körülbelül 12 koktél- vagy szőlőparadicsom, felezve
	Só és frissen őrölt bors
8	kemény tojás, kettévágva
2-3	evőkanál házi majonéz ([>]) vagy boltban vásárolt

A szalonnacsíkokat egy nagy serpenyőben elrendezzük, és közepes lángon, időnként megforgatva addig sütjük, amíg a zsiradék fel nem pirul, és a szalonna mindkét oldala ropogós nem lesz. A szalonnát dupla vastagságú papírtörlővel bélelt tányérra tesszük, és a felesleges zsírt leverjük róla (a serpenyőt félretesszük). Amikor a bacon kihűlt, durvára vágjuk.

Körülbelül 2 evőkanál zsír kivételével dobja ki az egészet a serpenyőből, és tegye a serpenyőt közepesen magas lángra. Amikor a zsír felforrt, beledobjuk a kenyérkockákat, és kevergetve aranybarnára sütjük. A krutonokat kanállal kiszedjük és papírtörlőn lecsepegtetjük.

A kibontott saláta elkészítéséhez tegyük a rukkolát és a szárított paradicsomot egy nagy salátástálba – én szeretek szélleset, sekélyt használni –, és dobjuk rá a vinaigrette nagy részét. Dobd rá a friss paradicsomot a maradék vinaigrette egy részével vagy egészével (azaz ízlés szerint öltöztesd), és szórd meg a zöldekre a felaprított szalonnával együtt. A salátát sózzuk, borsozzuk. A tojásokat sárgájával felfelé a zöldekre helyezzük, majd minden tojást megkenünk egy majonézzel, és sózzuk, borsozzuk. A tetejére terítjük a krutonokat.

4 ADAGOT készít

SZOLGÁLÓ
Szeretek készlet salátát letenni az asztalra és odadobni. És annak ellenére, hogy már van benne kenyér, én még mindig kenyeret szolgálok fel – ettől még inkább étel, főleg Franciaországban.

TÁROLÁS
A szalonnát és a krutont néhány órával korábban megfőzheti, a tojást legfeljebb egy nappal korábban keményre főzheti (hűtőben tárolhatja), a vinaigrettet pedig néhány nappal korábban elkészítheti. De ha az összetevők összeálltak, ideje enni.

Rák és grapefruit saláta

SLEINE RÁKSALÁTA, divatos és fényes konfetti, tökéletes kezdete bárminek a pazar vacsorától a piknikig. Bár a saláta sok apró kiegészítést tartalmaz – kockára vágott uborka, pirospaprika és chili, apróra vágott menta és nagyon apró rubinvörös grapefruit darabok –, a kimagasló íz olyan, amilyenre vágyik, rákosan, édesen és sósan.

KÉSZEN ÁLL: Vágja le a grapefruitszeleteket néhány órával vagy akár 6 órával korábban, és hagyja két réteg papírtörlő közé ülni, hogy a gyümölcs a lehető legszárazabb maradjon – ez egy kicsi, de döntő lépés.

1	Rubinvörös grapefruit
1	1 kilós darab rákhús, a héjon és a porcon átszedve
1	Kirby uborka vagy 2 hüvelykes darab mag nélküli uborka, meghámozva, hosszában félbe vágva, kimagozva és ¼ hüvelykes kockákra vágva
½	piros vagy narancssárga kaliforniai paprika, bordák és magok eltávolítva, ¼ hüvelykes kockákra vágva
2	apró vagy 1 zsíros mogyoróhagyma, csak fehér és világoszöld részek, hosszában negyedelve, vékonyra szeletelve
½-1	kis chili paprika, nagyon apróra vágva (elhagyható)
	Körülbelül 1½ evőkanál extra szűz olívaolaj
	Só és frissen őrölt bors
	Tabasco (opcionális)
	Friss citromlé (opcionális)
1	egy evőkanál apróra vágott friss menta

A grapefruitot keresztben félbevágjuk, a felét pedig óvatosan kivágjuk, a hártyák mentén felszeleteljük, hogy kiszabaduljon a gyümölcs. Préselje ki a levét a kivájt felekből, és lefedve tárolja a hűtőszekrényben (a héját dobja ki). Tegyünk egy tányérra vagy vágódeszkára dupla réteg papírtörlőt, és helyezzük a papírra a grapefruitszeleteket. Fedjük le egy másik dupla törülközővel, és finoman ütögessük meg a szegmenseket. Dobja el a papírtörlőket, helyezze a gyümölcsöt egy új törülközőrétegre, és fedje le újra. Hagyja állni a szeleteket legalább 2 vagy legfeljebb 6 órán keresztül; ha a törölközők nagyon nedvesek, cserélje ki újra.

Ha készen áll a saláta elkészítésére, szükség esetén csepegtesse le a rákhúst, tegye át egy dupla réteg papírtörlőre, és törölje szárazra. Tedd egy tálba, és add hozzá az uborkát, a kaliforniai paprikát, a hagymát és a chilit, ha használod.

Vágja nagyon apró darabokra a grapefruit szeleteket, tegye a tálba, és óvatosan keverje össze a hozzávalókat villával (vagy az ujjaival). Ne vigye túlzásba – ha lehetséges, azt szeretné, ha a rák nagy darabokban maradna. Adjunk hozzá 1 evőkanál olajat és 1 evőkanál fenntartott grapefruitlét, és ízlés szerint ízesítsük sóval, borssal és néhány csipet Tabascóval. Kóstolja meg a salátát, és döntse el, mit szeretne hozzáadni, ha valamit. Általában egy-két citromlevet szoktam hozzácsavarni, hogy hozzáadjam a levet, vagy lehet, hogy kell még egy kis olaj. Csak ügyeljen a hozzáadott folyadék mennyiségére – nem akarja, hogy a saláta elázzon. Ha úgy kapta, ahogy szeretné, keverje hozzá a mentát és tálalja.

4 ADAGOT készít

SZOLGÁLÓ
Ezt a salátát en verrinesben szeretem tálalni, kis poharakban, a tetejére egy kis páccal, rukkolával vagy vegyes gyógynövény salátával (menta, petrezselyem és koriander keveréke jó). Keverjük össze a zöldeket olívaolajjal, citromlével, sóval és borssal. A salátát azonban köret nélkül is tálalhatjuk. Ha nagyon à la módra vágysz, párosítsd a salátát avokádóval; lásd Bonne Idee.

TÁROLÁS
Élvezd, amint elkészíted – nem tudod megtartani.

JÓ ÖTLET
Rák, grapefruit és avokádó saláta. Ha avokádót szeretne hozzáadni

ehhez a salátához, rétegezheti a guacamole-t ([>]) a poharak alján vagy a rák tetején; az avokádót kockákra vághatjuk, megszórhatjuk sóval, borssal és egy csepp grapefruitlével, és meglocsolhatjuk a salátával; vagy a salátába keverhetünk egy kis apróra vágott avokádót. Az avokádó gyorsan besötétül és megpuhul, ezért az utolsó pillanatban adjuk hozzá.

Kuszkusz saláta

IGAZI ERŐKIÁLLÍTÁSba került, hogy papírra vessem ezt a salátát, mert mindig elkészítem, de soha nem recept alapján. A kuszkuszt (gyorsfőző-szerű) lében főzöm némi fűszerrel, majd összekeverem a ház körüli gyümölcs- és zöldségdarabokkal. Soha nem ugyanaz, mindig jó, és mindig a hagyományos észak-afrikai pörköltet idéző fahéj és kurkuma, mazsola, dió és csicseriborsó miatt.

Ha csirkét adunk a salátához, az étel teljes értékű lesz. Ha maradt csirke, vágja fel a csirkét, és keverje hozzá a salátához, miközben a zöldségeket keveri; ha nem, akkor az ételt kifejezetten azért érdemes csirkét főzni. Az olívaolajban és citromlében pácolt, majd beltéren vagy szabadban grillezett csirkéhez nézze meg a Bonne Idée-t.

- 2 csésze csirke vagy zöldségleves
- 2 evőkanál extra szűz olívaolajat vagy szükség szerint
- 2 gerezd fokhagyma, félbevágva, a csírákat eltávolítva és apróra vágva

   só

- 1 egy evőkanál őrölt gyömbér
- 1 egy teáskanál kurkuma
- ½ egy teáskanál őrölt fahéj
- ¼ egy teáskanál őrölt kömény
- 1 10 oz doboz instant kuszkusz
- ½ csésze nedves, telt mazsola (sötét vagy arany)
- 1 kis uborka, meghámozva, hosszában félbevágva, kimagozva és ½ hüvelykes kockákra vágva
- 1 piros kaliforniai paprika, kimagozzuk, kimagozzuk és ½ hüvelykes kockákra vágjuk
- 1 sárgarépát vágva, meghámozva, hosszában negyedelve és vékonyra szeletelve
- 1 egy csésze vékonyra szeletelt cukorborsó
- 1 konzerv (kb. 16 uncia) csicseriborsó, lecsepegtetve, leöblítve és szárazra verve

   1 citrom finomra reszelt héja vagy szükség szerint

- ¼ csésze friss citromlé vagy szükség szerint

   Frissen őrölt bors

- ¾ csésze lazán csomagolt friss korianderlevél, durvára vágva

½ csésze pirított, reszelt mandula (opcionális)

Forrald fel a húslevest, 1 evőkanál olívaolajat, fokhagymát, 1 teáskanál sót, gyömbért, kurkumát, fahéjat és köményt egy közepes lábosban. Az alaplevet felverjük, hogy a fűszerek feloldódjanak, majd hozzákeverjük a kuszkuszt és lekapcsoljuk a tűzről. Szórjuk a mazsolát a kuszkusz tetejére, fedjük le a serpenyőt, és hagyjuk állni 10 percig.

A kuszkuszt villával puhára forgatjuk (ha vannak csomók, lehet, hogy az ujjainkkal kell feltörni), és egy nagy tálba forgatjuk. Hozzákeverjük a zöldségeket, a csicseriborsót és a citromhéjat.

Tegye a citromlevet, a második teáskanál sót és a maradék 1 evőkanál olívaolajat egy kis üvegbe, fedje le, és rázza össze; vagy használj egy kis tálat és habverővel. Ráöntjük a kuszkuszra és jól összekeverjük. Ízesítsük sóval és borssal; félretesszük kihűlni. (A kuszkusz enyhén letakarható és szobahőmérsékleten hagyható körülbelül 3 órán keresztül, vagy szorosan letakarva egy éjszakán át hűtőbe tesszük; tálalás előtt melegítsük szobahőmérsékletre.)

Tálaláskor ismét kóstoljuk meg a fűszerezést – szinte biztos, hogy több sóra lesz szükségünk, és lehet, hogy több citromlevet, héjat és olívaolajat is kívánunk –, és keverjük hozzá a koriandert és a pirított mandulát, ha használunk.

6 ADAGOT készít

SZOLGÁLÓ
A saláta remek ebéd vagy köret grillezett halhoz. Adjunk hozzá csirkét (lásd Bonne Idée), és a nap bármely szakában készen áll.

TÁROLÁS
A salátát akár egy nappal korábban is összeállíthatja, és lefedve hűtőszekrényben tárolhatja. A maradék egy éjszakán át is eláll.

JÓ ÖTLET
Citromon grillezett csirkemell. 6 bőr nélküli, csont nélküli csirkeszeletre lesz szüksége, egyenként körülbelül 5 uncia, körülbelül 1,5 hüvelyk vastagságúra. Öntsön 2½ evőkanál extra szűz olívaolajat

és 2 evőkanál friss citromlevet egy serpenyőbe vagy egy nagy műanyag zacskóba. Sóval, borssal ízesítjük és jól összekeverjük. Csirkemellbe tesszük, megfordítjuk, hogy bevonjuk páclével, és 30 percig szobahőmérsékleten pácoljuk, vagy legfeljebb 3 órán át hűtőszekrényben (sütés előtt szobahőmérsékletre tesszük). Készítsen elő egy kültéri grillsütőt, ha van, vagy melegítsen fel egy grillserpenyőt nagy lángon. A szeleteket kivesszük a pácból, és papírtörlővel megszárítjuk. Grill csirkét addig, amíg a közepén átlátszatlan nem lesz, oldalanként körülbelül 4 percig. A pogácsákat egy tálra tesszük, meglocsoljuk olívaolajjal, és ízlés szerint megszórjuk apróra vágott friss korianderrel. A csirkét néha kuszkusz-citromszeletekkel az oldalára tálalom, néha pedig a csirkét csíkokra szeletelve a saláta tetejére teszem a darabokat.

gabona saláták

Bármely francia szupermarketben a gabonafélék folyosóján sétálni olyan, mintha egy gyors világkörüli utazást tennénk. Szinte minden országból van rizs, ahol termesztik; természetesen kuszkusz (természetesen, tekintve, hogy Algéria és Marokkó kuszkuszországai egykor franciák voltak); tabouleh (más néven bulgur búza); quinoa, egy viszonylag új adalék (az egészséges élelmiszerek piacán jelent meg, mielőtt elindult volna); árpa (az elzászi főzés során kiderült); kasha; és néhány dolog, amit nem gyakran látunk az Egyesült Államokban: gyorsan elkészíthető búzabogyók és gabonakeverékek, amelyek a búzához hasonlóan 10 perc alatt a kamrából az asztalra kerülnek.

Természetesen a rizs és a kuszkusz a legkelendőbb, de furcsállom, hogy más gabonafélék gyakoribbak az éttermi ételekben, mint a házias ételekben. Ez nem igaz a chez moi-ra, ahol szívesen használok gabonát salátákhoz és köretekhez is.

A gabonasalátáknak van legalább egy jól ismert francia előzménye, a rizssaláta, amely a maradékok jó hasznosításának bevált módja, de az én feladatom, hogy másokat is a salátástálhoz hozzak. Attól függően, hogy mit adsz hozzá, a gabonasaláta lehet köret vagy főétel, és melegen, hűtve, vagy ami a legjobb, a szabadban tálalható – tökéletes piknikhez.

Quinoa, gyümölcs és dió saláta

AMIKOR EGY ÉTELBARÁTOM New Yorkból Párizsba költözött pár hónapra, írt, hogy megkérdezze, van-e valami, amit magával kellene vinnie. Amikor megkérdeztem, mire gondol, csak egy szót írt: "quinoa". Tájékoztattam, hogy eggyel kevesebb dolga van, mert a quinoát nagyon könnyű beszerezni Franciaországban – sőt, az ősi, rendkívül tápláló andoki gabona nagyon divatos. Kicsit diós és egy kicsit búza, a quinoa forrón is tálalható, de a kedvenc quinoa ételem ez a saláta szárított gyümölccsel és diófélékkel, fűszernövényes és gyömbéres vinaigrette-vel kiegészítve, és zöldek fölé tálalva, élesen őrölve. joghurt.

KÉSZEN ÁLL: Körülbelül egy órával tálalás előtt kezdje el, hogy az ízek összeérjenek.

1½ csésze quinoa

    Só és frissen őrölt bors

1⅓ csésze vegyes nedves, telt aszalt gyümölcs, például áfonya, aranyszínű mazsola, sötét mazsola és/vagy apróra vágott sárgabarack

1 csésze vegyes magvak és diófélék, például napraforgó- és tökmag, fenyőmag, valamint apróra vágott mandula és/vagy dió

¼ csésze apróra vágott friss fűszernövények, például bazsalikom, petrezselyem, koriander vagy menta, vagy ezek kombinációja

    1 citrom leve

½ egy teáskanál őrölt gyömbér
3 evőkanál extra szűz olívaolaj
1 egy evőkanál dió- vagy mogyoróolaj (vagy másik evőkanál olívaolaj)
4 csésze vegyes saláta zöld, leöblítve és lecsepegtetve (opcionális)
1 tálaláshoz egy csésze natúr joghurt (lehet zsírmentes is).

A quinoát hideg folyóvíz alatt öblítsük le, és szitán csepegtessük le. Forraljunk fel 3 csésze vizet egy közepes lábosban, sózzuk meg, és keverjük hozzá a quinoát. Csökkentse a hőt, és hagyja, hogy a quinoa 12-15 percig, vagy amíg a szemek felfúvódjanak, finoman főzzük – ha elkészültek, minden apró szem körül egy vékony gyűrű található. Kapcsolja le a tüzet, fedje le a serpenyőt, és hagyja állni 5 percig. Lehet, hogy még van víz a serpenyő alján, ezért a quinoát szitán csepegtessük le, és hűtsük le szobahőmérsékletre.

Tegyük át a quinoát egy tálba, és ízlés szerint sózzuk, borsozzuk. Óvatosan keverje hozzá a szárított gyümölcsöt, a diót és a fűszernövényeket.

Helyezze a citromlevet, a gyömbért, az olívaolajat, a dióolajat, és ízlés szerint sózza és borsozza egy kis üvegbe, és rázzuk össze; vagy egy kis tálkában keverjük össze. Öntse a vinaigrettet a quinoára, és egy nagy kanállal vagy gumilapáttal jól keverje össze. Ha van időd, fedd le a salátát és hagyd állni szobahőmérsékleten legalább 1 órát. A salátának igazán előnyös, ha pihentetjük, hogy az ízek összeérjenek.

Tálaláskor kóstoljuk meg a salátát, hátha kell még só és bors. Ha használjuk, kanalazzuk bele az enyhén fűszerezett zöldeket, és kenjük meg joghurttal.

4 ADAGOT készít

SZOLGÁLÓ

Ha saláta zöldjét használunk, osszuk el négy tálba, ízesítsük a zöldeket sóval és borssal, kanalazzuk a salátára a quinoát, és adjunk hozzá egy kanál joghurtot minden adaghoz. Ha nem használunk zöldeket, a salátát joghurttal megkenve tálaljuk.

TÁROLÁS

A salátát legjobb néhány órával az idő előtt elkészíteni, és az elkészítés napján elfogyasztani. Viszont a maradékok nagyon jók másnapra lefedve, hűtőbe téve.

Búzabogyó és tonhal saláta

TALÁN egy nap közel instant búzát is kaphatunk Franciaországból, de addig is akad búzabogyó enyhe diós ízzel, kellemesen rágós állaggal, és az a jó modor, hogy a szakácstól nem kérünk többet, mint idő. Nem kell mást tenni, mint sós vízbe tenni, puhára főzni (erre jó egy órát hagyni), majd melegen, köretnek vagy hűteni ebben a salátában felhasználni. amely tonhalkonzervet és színes zöldségeket tartalmaz. Paradicsom, avokádó és kemény tojás hozzáadásával még tartalmasabbá és színesebbé válik a saláta.

1	egy csésze búzabogyó
1½	teáskanál dijoni mustár
1½	evőkanál fehérborecet
4½	evőkanál extra szűz olívaolaj, plusz körülbelül 1 teáskanál feldobáshoz

Só, lehetőleg tengeri só és frissen őrölt bors

Egy csipetnyi pirospaprika pehely

2	zellerszár, megvágva és apróra vágva
1	kis hagyma, apróra vágva
1	piros vagy zöld kaliforniai paprika, kimagozva, kimagozva és felkockázva
1	közepes piros alma, kimagozva és felkockázva
2	5-6 uncia konzerv kockára vágott olajba csomagolt világos tonhal, lecsepegtetve
4	csésze vegyes saláta zöld, leöblítve és szárítva
8	koktél- vagy szőlőparadicsom, félbevágva
1	avokádó, meghámozva, kimagozva és felkockázva
2	kemény tojás, negyedelve

A búzabogyókat néhány órával a saláta összeállítása előtt meg kell főzni: Forraljunk fel egy nagy fazék sós vizet, adjuk hozzá a bogyókat, mérsékeljük a lángot, és időnként megkeverve főzzük, amíg a bogyók megpuhulnak, de nem pépes, 1-1¼ óra. Lecsepegtetjük, hideg víz alatt leöblítjük, ismét lecsepegtetjük, és szobahőmérsékletűre hűtjük. (A búzabogyókat előre meg lehet főzni, lefedni és legfeljebb 24 órára hűtőbe tenni; felhasználás előtt szobahőmérsékletre melegíteni.)

Helyezzen mustárt, ecetet, olívaolajat, sót és borsot ízlés szerint, valamint pirospaprika pelyhet egy kis üvegbe, és rázzuk össze; vagy egy kis tálkában keverjük össze.

Tedd a búzabogyókat egy nagy tálba, öntsd rá a vinaigrettet és egy nagy kanállal vagy gumilapáttal jól keverd össze. Ha van időd, fedd le a bogyókat, és hagyd állni szobahőmérsékleten körülbelül 1 órát, hogy teljesen felszívja a vinaigrettet.

Adjuk hozzá a zellert, a hagymát, a kaliforniai paprikát, az almát és a tonhalat a salátához, és óvatosan keverjük össze. Kóstoljuk meg, és ha szükséges még sózzuk, borsozzuk.

Helyezze a kevert zöldeket egy nagy tálba vagy tálba. Sóval, borssal ízesítjük, és körülbelül 1 teáskanál olívaolajjal meglocsoljuk. A zöldekre kanalazzuk a búzabogyós salátát, a tetejére rakjuk a paradicsomot, az avokádót és a kemény tojást, és ízesítjük ezeket az újdonságokat egy kis sóval és borssal.

4 ADAGOT készít

SZOLGÁLÓ
A saláta úgy teljes, ahogy van. Nem kell hozzá kenyér – már van búza az asztalon –, de igazi francia módra mindig van nálam egy kosár kenyér, és igazi francia módra mindig ki van ürítve.

TÁROLÁS
A búzabogyókat akár 1 nappal korábban is megfőzheti, és hűtőszekrényben tarthatja (mártás előtt szobahőmérsékletűre melegítheti), de az elkészített salátát a legjobb, ha közvetlenül az elkészítést követően fogyasztja el.

Lencse, citrom és tonhal saláta

ŐRÜLT vagyok EZT A SALÁTÁTÓL, egy pikáns, csípős, meglepő, mesés alkotás: kóstoltam lencse uborka salátát egy bisztróban, és amikor újra akartam készíteni, nem lapult mindenhol kis savanyúság a hűtőmben. . Állandó ételeket keresve felmerült az ötlet, hogy tapenadet és citromos konfitot használjanak, marokkói vagy tartósított citromként is üzleteljenek. Ami a tonhalat illeti? Nem igazán tudom megmagyarázni. Megkóstoltam egy salátát citrommal, olívapasztával és lencsével, és csak úgy beugrott az agyamba a tonhal szó, aminek örülök: kiderült, hogy az összes hozzávalót egyesítette. Bár a salátát kis adagokban is tálalhatjuk előételként, én úgy szoktam ebédre elkészíteni, hogy egy kanálnyit teszek belőle vegyes zöldekre, és a tetejére teszem a félbevágott koktél- vagy szőlőparadicsomot kevés olívaolajjal meglocsolva. Kekszre kenve is jó kis uzsonna az italokhoz.

A saláta du Puy főtt lencsével kezdődik. Az alapreceptet használom[>], de a lencsét tetszés szerint főzheti. Ha elég szerencsés lencsék maradékához, akkor messze a játék előtt jár.

KÉSZEN ÁLL:Bár a saláta elkészítés után azonnal jó, jobb, ha tálalás előtt néhány órára hűtőben tartjuk.

- 2 teáskanál szemes mustár, lehetőleg francia
- 2 teáskanál fekete olíva tapenade, házi készítésű ([>]) vagy boltban vásárolt
- 2 evőkanál vörösbor ecet
- 3 evőkanál extra szűz olívaolaj (lehet, hogy több kell)
- Körülbelül 3 csésze főtt lencse du Puy (lásd[>]), lehetőleg még melegen
- 1 kis tartósított citrom (lásd a forrásokat[>])
- 2 mogyoróhagyma, csak fehér és világoszöld részek, vékonyra szeletelve
- 1 5-6 uncia darab világos tonhal olajba csomagolva

Só és frissen őrölt bors

Keverje össze a mustárt és a tapenadet egy kis üvegben; vagy egy kis tálkában keverjük össze. Adjuk hozzá az ecetet és az olívaolajat, és rázzuk vagy keverjük addig, amíg a vinaigrette jól el nem keveredik. Öntsük a szószt a lencsére, és jól keverjük össze.

Kiválaszthatja, hogyan szeretné felhasználni a tartósított citromot. Legtöbbször csak a héját használjuk, de ebbe a salátába a puha belső hús is belekeverhető. (A pépet beleteszem.) Ha egy egész citromot akarunk használni, vágjuk apróra; ha csak a héját használja, vágja le a pépet, dobja ki a pépet, és a héját vágja apró darabokra. A citromot és a mogyoróhagymát keverjük a salátához.

A tonhalat lecsepegtetjük, és villával rárázzuk a salátára. Sóval és bő borssal nagyon enyhén ízesítjük, majd összekeverjük. Kóstoljuk meg, és ha úgy gondoljuk, hogy kell, keverjünk hozzá egy kevés olívaolajat.

A salátát azonnal tálalhatjuk, de jobb, ha letakarva pár órára hűtőbe tesszük: a többivel az ízek összekeveredhetnek. Közvetlenül tálalás előtt ismét fűszerezzük a fűszereket és az olajat.

6 INDÍTÓ VAGY 4 EBÉD FŐ ADAT KÉSZÍT

SZOLGÁLÓ
A salátát tálalhatjuk lehűtve vagy szobahőmérsékleten, zöldágyon vagy sima formában. Mind színe, mind íze miatt szeretem paradicsompaprika salátával díszíteni (lásd Bonne Idée,[>]).

TÁROLÁS
Lefedve és hűtőben napokig eláll a saláta. Kicsit lágyul, de az ízei megmaradnak.

Burgonya chips tortilla

EZ A hagyományos, kockára vágott burgonyával készült baszk tortilla GYORS, SZÓRAKOZÁS ÉS VICCES változata ([>]). A franciák clin d'oeilnek, vagy kacsintásnak hívnák az eredetit, és nem csak a szokásos pörköltkanalak burgonya chipseivel lepődnének meg, hanem Jean-François Piège alkotójával is, aki korábban a főszakács volt. A Les Ambassadeurs, a Michelin-csillagos Le étterem Crillonban. A receptet egy francia ételmagazinban találtam, játszottam vele egy kicsit és reggelire tálaltam egy párizsi vacsorán. Egy léleknek sem volt fogalma arról, hogy amit kóstolnak, az olyan harapnivaló, amelyet soha nem evett (vagy legalábbis nem vallotta be, hogy eszik).

KÉSZEN ÁLL: A tortillákat a legjobb előre elkészíteni, és szobahőmérsékleten tálaljuk falatozóként – praktikus partikon.

3½	uncia (fél 7 uncia zacskó) burgonya chips
4	nagy tojások
1	kis hagyma, finomra vágva vagy 6 újhagyma, csak fehér és világoszöld részek, vékonyra szeletelve (opcionális)
¼	egy csésze apróra vágott friss fűszernövény, például koriander, petrezselyem vagy bazsalikom, vagy ezek kombinációja
2	gerezd fokhagyma, felhasítjuk, a csírákat eltávolítjuk és apróra vágjuk
	Egy csipetnyi piment d'Espelette (lásd a forrásokat[>]) vagy Cayenne
	Só és frissen őrölt bors
1	egy evőkanál olívaolaj

Tedd a burgonya chipset egy tálba, nyúlj bele, és törd össze a chipseket. Ez egy zajos, zsíros munka, amitől olyan burgonya chips ujjaid maradnak, amelyeket szívesen megnyalnál.

Helyezze a tojást, a hagymát vagy a mogyoróhagymát (ha használ), a fűszernövényeket, a fokhagymát és a piment d'Espelette-et vagy a cayenne-t egy másik tálba. Sózzuk, borsozzuk, és simára keverjük. Öntsük a tojásokat a chipsre, és jól keverjük össze.

Szüksége van egy kis serpenyőre, amely elfér a broiler alá: 9 hüvelyk körülbelül akkora, mint kellene. Régi vágású öntöttvas serpenyőt használok, de a tapadásmentes serpenyő is jó. (Ha nem biztos benne, hogy a fogantyú befér a broiler alá, csomagolja be fóliába.) Helyezze a rácsot a broiler alá úgy, hogy körülbelül 6 hüvelyk távolságra legyen a hőforrástól, amikor a serpenyőt a serpenyőbe csúsztatja. Kapcsolja be a brojlert.

Helyezzük a serpenyőt közepes lángra, és öntsük bele az olívaolajat. Amikor az olaj felforrósodott, utoljára keverje össze a tojásokat és a chipseket, és öntse a serpenyőbe. Ha szükséges, villával tolja a keveréket a serpenyő széleihez, majd kapcsolja alacsonyra a hőt. Főzzük a tortillát 2-3 percig, vagy amíg a széle meg nem puhul, és a teteje majdnem kész (a kötés fontosabb, mint az időzítés, ezért csak figyeljünk a tojásokra). Vegyük le a serpenyőt a tűzről, és egy spatulával körbefutjuk a tortilla széleit és alá, hátha ráragad a serpenyőre.

Csúsztassa a serpenyőt a broiler alá, és süsse, amíg a tortilla teteje meg nem puhul, körülbelül 1 percig. Csúsztassa a tortillát egy tálra vagy asztalra, és melegen vagy szobahőmérsékleten tálalja.

4 EBÉD FŐ ADAGOLÁS VAGY 8 NAGY ADAG KÉSZÍTÉSE

SZOLGÁLÓ
A legtöbb spanyol tortillához hasonlóan ezt is jó kis darabokra vágva italokhoz tálalni, vagy négy részre osztva salátával ebédelni. Kívánt esetben párosítsd a tortillát füstölt lazac csíkokkal vagy papírvékony spanyolsonkaszeletekkel.

TÁROLÁS
A tortillát több órával korábban is elkészíthetjük, és ha kihűlt, enyhén letakarjuk, és tálalásig szobahőmérsékleten tartjuk. A maradékot lefedve tárolhatjuk a hűtőben – ha kihűlt, a tortilla elég kemény lesz, de jó beleharapni.

Baszk burgonya tortilla

Míg a SZOBAI HŐMÉRSÉKLETŰ omlett ötlete, salátával ebédre vagy uzsonnaként méltán emlékeztethet egy olasz frittatára, amikor először ettem ezt az ételt, furcsa volt. Eszembe jut a tojás és a hash browns, a klasszikus amerikai étkező reggeli. Természetesen a pirított burgonya és az apróra vágott hagyma jól tette.

Ez a különleges omlett, amely Franciaország baszk régiójában annyira népszerű, a spanyol tortilla nevet viseli, és minden véletlenszerű, kezdve a tálalástól (fogpiszkálón) egészen az elkészítési módjáig. Ellentétben a hagyományos omlettekkel, amelyek alapos odafigyelést és gyakorlott csuklómozgást igényelnek a kulcsfontosságú megfordításhoz, a tortillához nem kell más, mint türelmesen megvárni, amíg a tojás annyira megfő, hogy a broiler alá kerüljön.

Ennél az ételnél egy dologra kell finoman odafigyelni: egy tiszta serpenyőre. Ügyeljen arra, hogy a burgonya és a hagyma főzése után törölje le a serpenyőt az aljára tapadt darabkáktól.

> Körülbelül 3½ evőkanál extra szűz olívaolaj
>
> keményítőtartalmú burgonya (például Idaho/Russet vagy 1 Yukon Gold), meghámozva és ½-1 hüvelykes kockákra vágva
> 1 közepes hagyma, durvára vágva
> 2 gerezd fokhagyma, zúzott, de nem hámozott (opcionális)
> 1 ág rozmaring (elhagyható)
>
> Só és frissen őrölt bors
>
> 9 nagy tojás, szobahőmérsékletű
> Egy csipetnyi piment d'Espelette (lásd a forrásokat[>]) vagy Cayenne

Szüksége lesz egy 9-10 hüvelyk átmérőjű nehéz serpenyőre - én egy régimódi öntöttvas serpenyőt használok. (Itt jobb a kisebb, mint a nagyobb.) Válasszunk olyat, amelynek nyele a brojler alá mehet. (Ha nem biztos a fogantyúban, csomagolja be alufóliába.) Öntsön körülbelül 2 evőkanál olajat egy serpenyőbe, és melegítse közepes lángon. Adjuk hozzá a burgonyát és a hagymát, valamint a fokhagymát és a rozmaringot, ha használunk, és addig keverjük a hozzávalókat, amíg az olajban elkezdenek csillogni. Ízesítsük sóval, borssal, mérsékeljük a hőt, és lassan főzzük, amíg a burgonya aranybarna és átfőtt, körülbelül 20 perc alatt. a burgonyát egy kés hegyével könnyen át kell szúrni. Dobja ki a fokhagymát és a rozmaringot, ha használta, és tegye a burgonyát és a hagymát egy tálba. Óvatosan törölje le a serpenyőt egy papírtörlővel.

Attól függően, hogy mennyi ideig tart a brojler felmelegedése, azonnal kapcsolja be, vagy miután a tortilla néhány percig főtt. Bekapcsolás előtt helyezze a rácsot a broiler alá úgy, hogy a serpenyő körülbelül 6 hüvelyk távolságra legyen a hőforrástól, amikor becsúsztatja a serpenyőbe.

Egy nagy tálban verjük fel a tojásokat ízlés szerint sóval és borssal, és fűszerezzük a d'Espelette-et vagy a cayenne-t, majd keverjük hozzá a burgonyát és a hagymát.

Tegyünk egy serpenyőt közepes lángra, és öntsünk rá körülbelül 1,5 evőkanál olajat. Amikor az olaj felforrósodott, hozzáadjuk a tojást és a burgonyát a serpenyőbe. Azonnal csökkentse a hőt, és hagyja a tojásokat zavartalanul főni körülbelül 2 percig. Fuss körbe egy szilikon spatulát vagy asztalkést a serpenyő szélein, hogy meglazítsa a tortillát, majd fedje le a serpenyőt, és lassan főzze további 8-10 percig, vagy amíg a teteje majdnem megszilárdul – van egy folyadék vagy folyadékgyűrű. csillogó tojás a közepén. Néhány percenként húzz körbe egy spatulával a serpenyő oldalát és a tortilla alá, nehogy leragadjon.

Csúsztassa a serpenyőt a broiler alá, és addig főzze, amíg a tortilla teteje megszilárdul: 1 perc múlva ellenőrizze, majd ellenőrizze tovább - ez gyorsan megy. Tegye át a tortillát egy tálra, és hagyja szobahőmérsékletűre hűlni, mielőtt felvágja és tálalja. (Természetesen semmi sem akadályozza meg, hogy most úgy egye, mint egy omlettet.)

4 EBÉD FŐ ADAGOLÁS VAGY 8 NAGY ADAG KÉSZÍTÉSE

SZOLGÁLÓ
Ha a tortillát harapnivalóként vagy tapasként kívánja tálalni borral

vagy baszk stílusú sangriával, szeletelje fel vékonyan, vagy vágja az oldalát négyzetekre és kockákra. Ha a tortillát ebédre készítjük, osszuk negyedekre, és tálaljuk feldobott zöldsalátával. Kívánt esetben minden szeletet meglocsolunk egy kevés olívaolajjal.

TÁROLÁS
A tortillát néhány órával korábban elkészítheti, és szobahőmérsékleten enyhén lefedve tarthatja. A maradékot letakarva, hűtőszekrényben tárolhatjuk – a hűtés a tortillát szilárdabbá teszi, de ettől függetlenül jó nassolnivaló.

JÓ ÖTLET
Mivel ez a tortilla a sonka földjéről származik, érdemes hozzáadni az ételhez. A tortilla elkészítése előtt egy kis marék finomra vágott sonkát keverhetünk a tojásokba és a burgonyába, vagy tálalhatjuk a tortillát néhány enyhén sült spanyolsonka vagy sonkaszelettel. Az amerikaibb ízért, de ugyanolyan jó, tálaljuk a tortillát ropogós szalonna csíkokkal, amelyek mellé rágcsálhatjuk. Tedd meg, és biztosan megérted, miért lehet ez az étel különleges étkezés.

TÖBB JÓ ÖTLET
Hagymás és gyógynövényes tortilla. 1½ csésze apróra vágott hagymát süssünk 2 evőkanál olívaolajon nagyon puhára és enyhén aranysárgára, körülbelül 20 perc alatt. Keverje össze a hagymát körülbelül egy csésze apróra vágott friss fűszernövényekkel, például petrezselyemmel, metélőhagymával, kakukkfűvel és rozmaringgal, hagyja kissé kihűlni, majd keverje hozzá a tojáshoz. hagyd ki a krumplit. Folytassa az utasításoknak megfelelően.

Gombás tortilla. 2 evőkanál olívaolajon főzz meg fél kiló vágott és szeletelt cremini gombát, 1 nagy apróra vágott hagymát vagy 1 közepes sárgahagymát és 2 gerezd apróra vágott fokhagymát (szeletelve és csíráztatva) 2 evőkanál olívaolajon, amíg a gomba megpuhul. Adjunk hozzá ⅓ csésze apróra vágott fűszernövényeket (petrezselyem, metélőhagyma, kakukkfű és rozmaring), hagyjuk kissé

lehűlni, majd keverjük hozzá a tojáshoz; hagyd ki a krumplit.
Folytassa az utasításoknak megfelelően.

Spenótos-zöldhagymás tortilla. Vágjon le és mosson meg 10 uncia spenótot. Forraljunk fel egy nagy fazék sós vizet. A spenótot forrásban lévő vízbe tesszük, és 2 percig blansírozzuk, majd lecsepegtetjük, és egy tálba tesszük hideg vízzel és jégkockákkal, hogy színét beállítsa. Húzzuk ki a spenótot a tálból, és a tenyereink között nyomkodjuk, adagokban dolgozva. A spenótot durvára vágjuk. 2 evőkanál olívaolajon 2 nagy hagymát vagy 2 csokor szeletelt mogyoróhagymát és 2 gerezd apróra vágott fokhagymát főzzünk meg 2 evőkanál olívaolajon. Sózzuk, borsozzuk, hozzáadjuk a spenótot, és további 1 percig főzzük; hagyjuk kissé kihűlni, majd keverjük hozzá a tojásokhoz; hagyd ki a krumplit. Folytassa az utasításoknak megfelelően.

"Tartine" padlizsán paradicsommal, olajbogyóval és uborkával

Ha ezt a nádt TARTINE-nak, vagy nyitott szendvicsnek nevezzük, az megnyújthatja a nómenklatúrát, mivel ez egy sült padlizsán, amely a hagyományos pirított kenyeret jelenti, de én a jó étkezés kedvéért teszem. Követem Frédérick Grasser-Hermé, Franciaország egyik legkreatívabb séfjének példáját is, aki először padlizsán tartint szolgált fel nekem. Az ő találékonyságától ihletett megalkottam ezt a változatot, amit kicsit olaszosnak gondolok. Itt a padlizsánt kockákra vágják (kicsit olyan, mint a bruschetta), és a tetejére vágott paradicsomból, kapribogyóból és olajbogyóból álló ecetes salsát (inkább caponata) öntenek. A tartinomat azonban pontosan úgy fejezem be, ahogy Frédérick tette, vékony, ropogós uborkaszeletekkel, ami teljesen váratlan és kellemes kiegészítés.

- 1 nagy padlizsán (körülbelül 1¾ font)
- Körülbelül 3 evőkanál extra szűz olívaolaj, plusz még a csepegtetéshez

    Só, lehetőleg fleur de sel, és frissen őrölt bors

- 1 uborka, meghámozva, hosszában félbevágva és eltávolítva a magokat
- 1 pint szőlő vagy koktélparadicsom, hosszában negyedelve
- 2 zellerszár, levágva és apróra vágva
- ½ Vidalia hagyma vagy 1 nagy hagyma apróra vágva (kb. ½ csésze)
- 1 fokhagymagerezd, félbevágva, a csírákat eltávolítva és apróra vágva
- 5 nagy zöld olajbogyó, kimagozva és szeletelve
- 1 egy evőkanál kapribogyót, leöblítve és szárazra verve
- 2 egy evőkanál durvára vágott friss oregánót
- 3 evőkanál vörösbor ecet

    Egy csipetnyi pirospaprika pehely

Helyezzen egy sütőrácsot, és melegítse elő a sütőt 375 F fokra. Béleljen ki egy tepsit szilikon sütőlappal, sütőpapírral vagy tapadásmentes alufóliával.

Zöldséghámozóval felülről lefelé haladva vágjon le 2 hüvelykes bőrcsíkokat a padlizsánról. Vágja le a padlizsán tetejét és alját, és a padlizsánt keresztben vágja 6 szeletre, mindegyik körülbelül 1 hüvelyk vastagságú. A szeleteket bélelt tepsire helyezzük, és mindegyik szeletet megkenjük körülbelül 1 teáskanál olívaolajjal. Ízesítsük enyhén sóval és borssal, és süssük a szeleteket körülbelül 45 percig, vagy amíg megpuhulnak – kés hegyével teszteljük – és enyhén megpirulnak. Hűtsük le a padlizsánt egy tepsiben.

Mandolin- vagy Benriner-szeletelővel, dobozvágóval vagy késsel vékonyan felszeleteljük az uborkát.

Dobja össze a paradicsomot, a zellert, a hagymát, a fokhagymát, az olajbogyót, a kapribogyót és az oregánót egy nagy tálban. Keverjük hozzá az ecetet és 1 evőkanál olívaolajat. Öntsük ezt a szószt a zöldségekre, és jól keverjük össze. Ízesítsük pirospaprika pehelyekkel és sózzuk, borsozzuk.

Tányérokra vagy tálra helyezzük a padlizsánt, és kanalazzuk rá a paradicsomsalsát. Az uborkaszeleteket meglocsoljuk olívaolajjal, megszórjuk a tartinnal, az uborkát pedig megszórjuk egy kis sóval.

6 ADAGOT készít

SZOLGÁLÓ
Bár ebben az ételben a padlizsán a kenyér szerepét tölti be, jó, ha van egy kosár szeletelt bagett az asztalon – szeretné, ha valami az utolsó csepp levet is kihúzná a tányérról.

TÁROLÁS
A padlizsánt néhány órával korábban megsütheti, és a szeleteket szobahőmérsékleten vagy hűtőszekrényben tárolhatja. Ízlés szerint a padlizsánt hidegen vagy szobahőmérsékletűre melegítve tálalhatjuk. A salsát pedig idő előtt összekeverheti, ha az eceten, a són és az oregánón kívül mindent hozzáad – hagyja őket az utolsó pillanatban

feldobni. Ha azonban a tartine-t összeállítottuk, a legjobb, ha mielőbb tálaljuk, hogy a padlizsán ne ázzon el.

zeller hámozása

A zellerrel való kapcsolatom húsz évvel ezelőtt változott meg, amikor először láttam valakit, egy franciát, bien sûr-t, amint egy zellerszárat pucol. Amikor megkérdeztem, miért, azt mondta: "Hogy emészthetőbb legyen."

Nem vagyok benne biztos, hogy ha a zeller ívelt oldalát megpucolod - zöldséghámozóval csinálod - emészthetőbbé teszi, de jó, hogy nem kell udvarias társaságban harcolni a szálas zellerrel.

Manapság rendszeresen megpucolom a zellert, ha megfelelő méretű darabokat használok. Ha vékonyra felszeletelem (és rövidek lennének a szálak és nem túl problémásak), csak akkor hámozom meg, ha megjön a hangulat.

Tök-Gorgonzola Flans

HA VERSENY LENNE A FRANCIA ÉS AMERIKAI ELKÉSZÍTETT ÉTELEK KÖZÖTT, akkor egészen biztos vagyok benne, hogy a franciák nyernének. Nehéz felvenni a versenyt a könnyen beszerezhető teljes vajas leveles tésztával, brisée pástétomokkal és édes kovászos tésztával, valamint a percek alatt elképesztő burgonyapürévé váló fagyasztott burgonyapellettel, elkészített palacsintákkal és gesztenyével (egészben, pürésítve, fagyasztva, palackozva és konzervben). De egy dolog nincs nálunk Franciaországban: tökkonzerv! Ez az, ami igazán meglep, mivel a franciák szeretik a squash-t, valamint a squash család számos unokatestvérét. Így hát tökkonzerv nélkül az elszánt francia szakácsok megsütik vagy megfőzik a kemény héjú zöldséget, pürésítik, forró serpenyőben gyors kevergetés mellett megszárítják, majd olyan ételeket készítenek belőle, mint ez, gazdag,

Az elölről való kezdéshez szükséges erőfeszítés megérné ezeknek a tányéroknak a jóságát, de valójában nem kell mást tenned, mint kinyitni egy tökösdobozt, összekeverni néhány dolgot a robotgépben, és becsúsztatni a tányérokat. sütő. Egyszerű.

1 15 uncia konzerv sütőtök
3 nagy tojások
2 nagy tojássárgája
½ csésze nehéz tejszín

Só és frissen őrölt bors

3½ uncia Gorgonzola, morzsolt (egy bőséges ½ csésze)
2 evőkanál apróra vágott pörkölt dió

Crème fraîche vagy tejföl, tálaláshoz (opcionális)

Helyezzen rá egy sütőrácsot, és melegítse elő a sütőt 350 F-ra. Kenjen ki hat pudingpoharat – én egy 6 uncia Pyrex poharat használok – vagy ramekin-t, és válasszon egy olyan serpenyőt, amely elég nagy ahhoz, hogy kényelmesen tartsa a csészéket. Béleljük ki a tepsi alját dupla papírtörlővel, és helyezzük bele a pudingpoharakat. Forraljuk fel a vízforralót.

Tegye a sütőtököt, a tojást, a tojássárgáját és a tejszínt aprítógépbe (vagy használjon turmixgépet), és turmixolja jól össze. Sózzuk, borsozzuk, a pudingot poharakba öntjük. A Gorgonzolát elosztjuk a tányérok között, és a sajtból egy keveset beleszúrunk a pudingba, hogy szétterüljön. A tányérok tetejét szórjuk meg dióval. Öntsön annyi forró vizet a serpenyőbe, hogy felérje a csészék oldalát.

Süssük a tepsiket 35-40 percig, vagy amíg a beléjük szúrt kés szinte tisztán ki nem jön. (A csészék méretétől és magasságától függően több-kevesebb időre lehet szüksége, ezért 25 perc után kezdje el az ellenőrzést.) Mivel hagyja, hogy a poharak vízfürdőben álljanak, tovább főnek, ezért jobb, ha téved. az alulsütés oldala. Helyezze a tepsit a rácsra, és hagyja a tepsit vízfürdőben hűlni, amíg meglehetősen meleg vagy szobahőmérsékletű lesz.

Ízlés szerint tejföllel vagy crème fraîche-nel megkenjük.

6 ADAGOT készít

SZOLGÁLÓ
Poharakban tálalom, de ha ki szeretnéd formázni, akkor óvatosan megteheted. Fuss körbe egy tompa késsel a puding szélein, merítsd a csészéket forró vízfürdőbe, és fordítsd fel minden tányért egy kis tányérra. Amikor szétszedjük a tányérokat, érdemes egy nagyon enyhén fűszerezett fűszernövényt vagy bébispenót salátát hozzáadni. Igazi francia stílusban poharakat tálalhatunk crème fraîche-al (vagy tejföllel). A bennem lévő amerikai szereti a legtinédzserebb mézet vagy juharszirupot csepegtetni a krém tetejére vagy közvetlenül a krém tetejére.

TÁROLÁS
A flanokat a legjobb az elkészítés napján tálalni, de tálalás előtt enyhén letakarva szobahőmérsékleten tarthatjuk körülbelül 6 órán keresztül.

Sajtos Crème Brûlée

MI LEHET JOBB, MINT AZ élet két nagy kulináris élvezete, a brûlé és a sajt EGYESÍTÉSE? Ez egy dupla adag kényeztetés, és nem kell várni a desszertre, hogy megkapja. Ez a recept lényegében egy crème brûlée, de a klasszikus tejszínes-sárgás alapból kimarad a cukor, a ramekineket pedig apró sajtkockák tarkítják, amelyek megolvadnak, és még bársonyosabb állagot adnak a pudingnak. persze enyhén sós ízű. Ezután ahelyett, hogy cukros kéreggel fejeznénk be a krémet, reszelt sajtot szórunk a tetejére, amely buborékosodik, megpirul és megpirul a brûlé.

Elegáns előétel, amelyet egy előkelő étteremben szolgálnak fel, de bármely házi szakács számára is könnyen elérhető. Mivel az ételt előre el kell készíteni, vacsorára tökéletes: tálaláskor nem kell mást tenni, mint az öntetet utolsó pirítással megpirítani. A legjobb eszköz ehhez egy mini propán fáklya – gyorsan elvégzi a munkát, és a legsimább végeredményt adja –, de a sajtot megolvaszthatja, és szép kérget kaphat a brojlerrel.

Szeretem a sajtok kombinációját használni ehhez az ételhez, a parmezán és a comté a kedvencem. Mivel azonban Comtét nehéz találni az Egyesült Államokban (és néha nagyon drága), az én amerikai verzióm parmezán és cheddar – lehet, hogy kompromisszumnak hangzik, de nem ízlik.

> Körülbelül 5 uncia sajt (parmezán és comté vagy cheddar kombinációja)
> 1 csésze nehéz tejszín
> ¾ egy csésze teljes tej
> 3 nagy tojássárgája
>
> Egy csipetnyi frissen reszelt szerecsendió
>
> Só és frissen őrölt fehér bors

Középre állítjuk a sütőrácsot, és előmelegítjük a sütőt 200 F-ra. Kenjünk meg hat sekély rácsot vajjal. Fontos, hogy sekélyen tartsa őket: olyan pudingréteget szeretne, amely csak ¾ hüvelyk vastag (az én ramekinjeim 4 hüvelyk átmérőjűek és 1 hüvelyk magasak, és fél csészét tartanak). Egy tepsit kibélelünk szilikon sütőlappal vagy sütőpapírral, és ráhelyezzük a ramekineket.

Vágjunk 3 uncia sajtot kis kockákra, és osszuk el egyenletesen a kockákat a ramekinek között. Csomagoljuk be és tegyük hűtőbe a maradék sajtot, hogy később reszeljük meg.

A tejszínt és a tejet egy kis lábasba öntjük, és felforraljuk. Közben egy közepes tálban habosra keverjük a tojássárgáját szerecsendióval és ízlés szerint sóval és fehér borssal. Folyamatos habverés mellett csorgassunk egy kevés forró tejszínt és tejet a tojásokhoz. Folytassa a habverést és csurgatást, amíg hozzá nem ad a folyadék körülbelül egynegyedét, majd lassú, egyenletes sugárban öntse hozzá a többit. Ha minden összekeveredett, rázza meg néhányszor a tálat a pulton, hogy a buborékok feltörjenek. (Ha rázással nem buborékosodik a keverék, kanalazzuk és dobjuk ki a buborékokat.) Osszuk el egyenletesen a pudingot a ramekinek között.

Óvatosan tolja be a tepsit a sütőbe, és süsse 40-50 percig, vagy amíg a puding közepébe szúrt kés tisztán ki nem jön. Helyezze a tepsit egy hűtőrácsra, és hagyja szobahőmérsékletűre hűlni a pudingot. (Miután kihűlt, a puding letakarható, és legfeljebb 2 napig hűtőben tárolható; a folytatás előtt melegítsük szobahőmérsékletre.)

Az öntethez a maradék 2 uncia sajtot finomra reszeljük, és egyenletesen a krémekre szórjuk. Ha van mini propánégőd, húzd ki, és ezzel barnítsd egyenletesen a sajtot. Ha nincs fáklya, kapcsolja be a brojlert, és öntse alá a pudingot, közben folyamatosan figyelje, és vegye le a krémeket a tűzről, amint a sajt aranybarna. Azonnal tálaljuk.

6 ADAGOT készít

SZOLGÁLÓ

A pudingot azonnal tálaljuk, amint az öntet megpirult. Csak egy kiskanálra és egy pohár pezsgőre vagy fehérborra van szükségük.

TÁROLÁS

A pudingot legfeljebb 2 nappal korábban elkészítheti, és szorosan lefedve a hűtőszekrényben tárolhatja; a befejezés előtt szobahőmérsékletre melegítse őket. Miután felöntötte őket, azonnal meg kell enni.

comté sajt

Sűrű, elefántcsont színű, diós ízű tehéntejes sajt, a Comté Franciaország és Svájc hegyvidéki régiójában, a Jurában készül. Valójában ez a keresztirányú eltérések okozzák a különbségeket a Comté és a szélesebb körben ismert Gruyère között, hiszen a sajtok gyártási folyamata, megjelenése és ízvilága szinte azonos.

A különbség? Comté francia, Gruyère svájci. Ahhoz, hogy a Comté a francia AOC (appellation d'origine contrôlée) megjelölésnek minősüljön, lyukakkal kell rendelkeznie (mint – ki merem mondani, és tovább keverem a dolgokat? – amit mi svájci sajtnak nevezünk), míg a Gruyère, hogy igaz legyen Gruyère, nem . Mindkét sajtot nagy kerekekben készítik, és vastag szeletekben vagy szeletekben vásárolják meg. Önmagukban is nagyszerűek – mindig van Comté vagy Gruyère sajttálon (a kedvenceim a Comtés és a Gruyères, amelyeket érleltek, így szilárdabbak és kicsit sósabbak) – és nagyszerűek a konyhában, mert simán olvadnak. Valójában fondü sajtokról van szó, aminek a neve olvasztott. A Comté és a Gruyère általában felváltva használható.

Sajtos szufla

EZ EGY KLASSZIKUS, Franciaország legmenőbb éttermeiben és leglegendásabb bisztróiban felszolgált szufla, olyan erős hírnévvel, hogy a kezdők nem merik kipróbálni. Valóban, a szuflának szégyellnie kell magát, amiért jó ok nélkül elriasztja a szakácsokat! Az ételben nincs semmi bonyolult, bár három dolgot érdemes tudnod: 1) fontos, hogy a tojásfehérjéket kemény habbá verd, de ügyelj rá, hogy továbbra is fényes legyen – jobb, ha keményen hagyod, mint felverd. . a fehérjéket felverjük, és kis dagokra vágjuk; 2) Finoman hajtsa bele a fehérjét a szuflaalapba, hogy ne üsse ki az összes levegőt, amit olyan óvatosan beleütöget – ismét a kevesebb több és ez. s jobb, ha néhány hozzáadatlan fehér csík foltos marad a tésztán, ha túl sokat keverünk; és 3) kulcsfontosságú, hogy a vendégeket az asztalhoz hozzuk, mielőtt kivesszük a szuflét a sütőből – a szuflé-dráma múlékony.

Finom száraz zsemlemorzsa

2½ egy csésze teljes tej
3 egy evőkanál sótlan vajat
6 evőkanál univerzális liszt

Só és frissen őrölt fehér bors

Frissen reszelt szerecsendió

6 nagy tojások, leváltak
½ fél kiló reszelt sajt, például Gruyère, ementáli vagy svájci sajt

Helyezzen egy rácsot a sütő alsó harmadába, és melegítse elő a sütőt 400 F-ra. Egy 6-7 csésze szuflé serpenyő belsejét kenje be nehéz vajjal. Megszórjuk zsemlemorzsával, lecsapjuk a felesleget és félretesszük. Egy tepsit kibélelünk szilikon sütőpapírral vagy sütőpapírral.

Forraljuk fel a tejet egy közepes serpenyőben; tedd félre.

Olvasszuk fel a vajat egy közepes serpenyőben, közepes lángon. Keverje hozzá a lisztet, és főzze a keveréket (roux) körülbelül 2 percig, csak annyi ideig, hogy a liszt nyers íze felszabaduljon, de ne színezze el. Habverővel összekeverjük, lassan hozzákeverjük a forró tejet. Amikor az összes tejet hozzákeverte és a bésamel sima, kevergetve főzzük további 8-10 percig, vagy amíg a szósz besűrűsödik - a bajusznyomok maradnak. A szószt bőségesen ízesítjük sóval, fehér borssal és kevés szerecsendióval. Vegyük le a serpenyőt a tűzről, és öntsük a bésamelt egy finom szitán keresztül egy közepes tálba; hagyja hűlni a bésamelt körülbelül 10 percig. (Ekkor a bésamelt légmentesen záródó edénybe csomagolhatja, és legfeljebb 3 napig hűtőszekrényben tárolhatja; használat előtt melegítse fel szobahőmérsékletre.)

A tojások sárgáját egyenként a bésamelbe keverjük, majd beleforgatjuk a reszelt sajtot.

Verjük fel a tojásfehérjét egy habverővel felszerelt keverőben vagy egy kézi mixer edényében addig, amíg kemény, fényes csúcsokat nem kap. Keverje hozzá a fehérje egynegyedét, hogy a bésamel halványabb legyen, majd egy gumis spatulával óvatosan hajtsa bele a maradék fehérjét. Óvatosan forgassuk a szuflé tésztát az előkészített tepsibe, helyezzük a tepsit a tepsire, és toljuk be a sütőbe.

Süssük a szuflét 40-50 percig, vagy amíg jól megkel, aranybarna és szilárd tapintású, de a közepe még kissé morzsássá válik. Ha 25-30 perc elteltével (a sütő ajtajának kinyitására ne is gondoljon 25 perc előtt) a szufla túlságosan megbarnul, óvatosan nyissa ki az ajtót, és óvatosan csúsztassa rá egy darab alufóliát.

Azonnal tálaljuk.

4-6 ADAGOT KÉSZÍT

SZOLGÁLÓ
Tálaljuk, amint eltávolítjuk a szufléformát a tepsiről. Tedd le a szuflét az asztalra, hajolj meg taps előtt, majd egy nagy kanál segítségével szedd ki az adagokat.

– És kérek hat tojást, kérlek, hogy készítsek egy tortát – mondtam a szülőnek. És annak ellenére, hogy moyenne (közepes) tojást kértem, mivel ezek a legközelebb állnak az Egyesült Államokban használt nagy tojásokhoz, monsieur leemelt a polcról egy hatos csomagot, és azt mondta: "Sajnálom, csak durva lettem [nagy]. A takarmányok különösen frissek, és nem éri meg magasabb árat fizetni, ha főzni fog velük."

Bár marketingesnek tűnhet, Franciaországban az „extra friss" szó valójában a használható címkén szerepel. A talumanákhoz gyakran két minőségi beadás előtti dátum tartozik. Az egyik a friss dátumig, a másik az extra friss dátum, ami körülbelül 2,5 héttel korábbi, mint az első dátum, és általában körülbelül 9 nappal a tojások lerakása után (és igen, ez a dátum a dobozos vagy lepecsételt tojásokon is szerepel) .

Azokon az értékes napokon, amikor a tojás extra friss, puhán vagy közepesen főtt, de akár nyersen is fogyasztható. Az extra friss a tojáshoz olyan, mint a sushi a halhoz. Ha extra friss vagy bio tojásod van, és szeretnéd a legtöbbet kihozni belőlük, öleld át őket ([>]), készítsen rántottát ([>]), orvvadászni őket ([>]) vagy használja őket majonézben ([>]) vagy hab ([>]).

Münsteri sajtos szufflé

HA A MUNSTER, TUDOD, HOGY A szupermarket csemegepultjában árult sajt, csodálatos meglepetésben lesz részed. Elzász igazi büszkesége, a Muenster egy tehéntejből készült sajt, amelyet érettsége miatt nagyra értékelnek, és amelyet az ínyencek áhítoztak. Azon sajtok közé tartozik, amelyek nagy és merész illatáról (egyesek azt mondanák, hogy átlátszó) és ízéről híresek, amely sokkal finomabb, mint ahogyan azt várná. Tökéletes egy szelet rozskenyérre vagy egy almaszeletre, vagy ehhez a szuflához is.

Finom száraz zsemlemorzsa

Körülbelül 7 uncia nagyon hideg francia Muenster

1¼ egy csésze teljes tej
1½ egy evőkanál sótlan vajat
3   evőkanál univerzális liszt

Só és frissen őrölt fehér bors

¼ egy teáskanál őrölt kömény
3   nagy tojások, leváltak

Helyezzen egy rácsot a sütő alsó harmadába, és melegítse elő a sütőt 400 F-ra. Bőségesen kivajazzuk a négy 8 unciás szuflé serpenyő belsejét. Megszórjuk zsemlemorzsával, lecsapjuk a felesleget és félretesszük. Egy tepsit kibélelünk szilikon sütőpapírral vagy sütőpapírral.

Óvatosan vágja le a hideg sajt héját egy éles késsel. Mérj ki 4 uncia sajtot (körülbelül mennyi maradt a héj eltávolítása után), és vágd fel ¼–½ hüvelykes kockákra (1 csésze kell).

Forraljuk fel a tejet egy kis serpenyőben; félretesz.

Olvasszuk fel a vajat egy közepes serpenyőben, közepes lángon. Keverje hozzá a lisztet, és főzze ezt a keveréket (roux) körülbelül 2 percig, hogy eltávolítsa a liszt nyers ízét, de ne színezze el. Lassan beleforgatjuk a forró tejet. Amikor az összes tejet hozzákeverte, és a bésamel sima, főzzük további 5-8 percig állandó kevergetés mellett, vagy amíg a szósz besűrűsödik - habarcsnyomok maradnak. A serpenyőt levesszük a tűzről, a szószt bőségesen ízesítjük sóval és fehérborssal, és belekeverjük a köményt. A bésamelt finom szitán egy tálba nyomkodjuk, és 10 percig hűlni hagyjuk. (Ekkor a bésamelt legfeljebb 3 napig lehet hűtőszekrényben tárolni; a folytatás előtt melegítse szobahőmérsékletre.)

A tojássárgáját egyenként a bésamellbe verjük, majd beleforgatjuk a sajtkockákat.

A tojásfehérjéket habverővel felszerelt állványos mixerben vagy kézi mixer edényében addig verjük, amíg kemény, de még fényes csúcsokat nem kap. Keverje hozzá a fehérjék körülbelül egynegyedét, hogy a bésamel halványabb legyen, majd óvatosan forgassa bele a többi fehérjét egy gumilapáttal. Óvatosan osszuk el a tésztát a szufléformák között, mindegyik formát körülbelül háromnegyed részig töltsük meg. (Ha maradt tészta, süssük meg egy másik serpenyőben vagy egy tűzálló kávéscsészében.)

A formákat bélelt tepsire helyezzük, becsúsztatjuk a sütőbe, és 20-25 percig sütjük a szufléket, vagy amíg jól megkelnek, aranybarnák és szilárd tapintásúak, de a közepe még kissé puhává válik. Tálald most!

4 ADAGOT készít

SZOLGÁLÓ
A szuflét nem nehéz elkészíteni, de amikor kikerülnek a sütőből, már primadonnák: azonnali tálalást követelnek, különben minden felverés, hajtogatás szétesik. Ízlés szerint paradicsom-paprika salátát tálalunk mellé (lásd Bonne Idée).

JÓ ÖTLET
Paradicsom-paprika saláta. Jó kis saláta minden színes kiegészítést igénylő ételhez, de szuflé mellé kifejezetten jó. Dobj össze körülbelül 20 félbevágott szőlő paradicsomot, ½ pirospaprikát és 1 pirított pirospaprikát, mindkettőt felkockázva, 2 teáskanál extra szűz olívaolajat és egy csipet őrölt köményt. Sózzuk, borsozzuk, és ha úgy gondoljuk, hogy a salátához kell, egy csepp fehérborecetet.

Receptváltás hagyma "Carbonara"

PATRICIA WELLS, a szakácskönyv SZERZŐJE, főzőtanár és barátja ezt szolgálta fel azzal a karácsonyi libával, amelyet egy évben Provence-i házában láttunk vendégül. Megőrültem a recept miatt, és amikor megkérdeztem, adná-e nekem, azt mondta, hogy ez egy olyan recept variációja, amelyet eredetileg Michel Richard, egy francia séf alkotott meg, aki negyven évvel ezelőtt cukrászként és cukrászként érkezett Amerikába. séf. maradt, hogy több éttermet hozzon létre és több könyvet írjon. A recept a klasszikus spagetti carbonara remek példája, de ahogy Richard viccelődik, ez nulla szénhidrát, mert a tésztát párolt, al dente főtt hagymával helyettesítik. Bár szénhidráthiányos, az étel minden mást tartalmaz, amitől a carbonara hihetetlenül jó, mint például tejszín, szalonna (vagy pancetta), vaj (Patricia nem használt vajat, és az étel így is remek volt), parmezánt,

    Visszamentem Párizsba, és két egymást követő este elkészítettem a receptet a barátaimnak, minden alkalommal előételként tálalva, mert szerintem az étel annyira jó volt, hogy megérdemelte a reflektorfényt. Azt hiszem, igazam volt, mert a barátaim pontosan abban a pillanatban kérték el a receptet, amikor Patríciától kérdeztem.

2	fél kiló vöröshagyma, félbevágva, vékonyra szeletelve és félkarikára vágva
5	szalonna csíkok
½	csésze krém (Patricia világos krémet használ)
1	egy nagy tojássárgája
1	egy evőkanál sótlan vajat
	Só és frissen őrölt bors
2-3	evőkanál frissen reszelt parmezán

A hagymát meg kell párolni, ezért ha nagy gőzölőd van, most állítsd be; ha nem, tegyünk egy kis vizet egy nagy fazékba, tegyük bele a párolókosarat, és forraljuk fel a vizet. Helyezze a hagymát a párolóba, fedje le az edényt, és párolja 6 percig, vagy amíg "al dente" nem lesz.

Vegye ki a kosarat az edényből. (Ezt 3 órával a tálalás előtt megteheti. Hagyja kihűlni a hagymát, majd enyhén fedje le.)

A baconszeleteket egy hideg serpenyőbe rendezzük, közepes lángra tesszük, és időnként megforgatva addig sütjük, amíg a szalonna mindkét oldala ropogós nem lesz. Papírtörlő rétegek között csepegtessük le a szalonnát, majd a csíkokat keresztben vékony szeletekre vágjuk. (Ezt előre is megteheti.)

Közvetlenül tálalás előtt keverjünk fel ¼ csésze tejszínt és a tojássárgáját egy kis tálban.

Helyezzen egy akkora serpenyőt, hogy az összes hozzávaló elférjen közepes-alacsony lángon, és adjuk hozzá a vajat. Ha felolvadt, adjuk hozzá a szalonnát, és öntsük bele a maradék ¼ csésze tejszínt. Mindössze 30 másodpercig melegítjük, majd belekaparjuk a párolt hagymát, sózzuk, borsozzuk, és kevergetve 2-3 percig főzzük, amíg a hagyma át nem melegszik.

Vegyük le a serpenyőt a tűzről, és keverjük hozzá a fenntartott tejszín keveréket és a reszelt parmezánt. Azonnal tálaljuk.

6 ADAGOT készít

SZOLGÁLÓ
A tejszínes-sárgája keveréket és a parmezánt összekeverve azonnal tálaljuk.

TÁROLÁS
A hagymát akár 3 órával előre megpárolhatjuk, és a szalonnát is megfőzhetjük, de azonnal tálalni kell.

JÓ ÖTLET
Spagetti és hagyma Carbonara. Michel Richard a spagetti utánzására alkotta meg ezt az ételt, de olyan szószt alkotott, amely látványos a tészta fölött. Próbáld ki, hátha nem értesz egyet.

Gérard mustártorta

A BARÁTAIM, SYLVIE ROUGETET ÉS GÉRARD JEANNIN a legkedvesebb házigazdák, és nem kell szót fogadni – ezt visszhangozzák azok az emberek, akik aláírták a vendégkönyvet a Les Charmilles-ben, a Dijon melletti szállásukban. az érzéseimet állandóan. De ők nem olyan szerencsések, mint én. Amíg bőséges reggelivel látják el őket, én barátként maradhatok vacsorázni, és Gérard sous-chefjét játszhatom a konyhában.

Gérard még egy napot sem kapott kulináris képzésen, de ihletett szakács, és annyira szervezett, hogy azt hiszem, egy zászlóaljat is el tudna etetni konyhakonyhájának hangulatos keretei között. Munkáját öröm nézni – az orrával főz, minden hozzávalót megszagol, mielőtt egy tálba dobja, ujjai között friss fűszernövényeket dörzsöl, hogy kihozza illatukat, és egy edény fölé hajol a tűzhelyen, hogy felfogja az illatot. a húslevesből, ahogy forr.

Ez az a torta, amit Gérard készített nekem és Sylvie-nek egy este. A hagyományos sütemény játéka, Dijon leghíresebb exporttermékével, a mustárral a főszerepben, egyszerre krémes és pikáns, megnyugtató és meglepő. Nem is annyira ismert, mint kellene. Párizsba visszatérve, a füzetembe rejtett recepttel többször elkészítettem a tortát barátaimnak, és minden alkalommal örömmel és tanácstalansággal fogadták, olyasmit tálalva, amit még sosem kóstoltak. Igazából, ahogy Gérard elmagyarázta nekem, a hagyományosabb torta paradicsommal készül, de ő a szokásos módon sárgarépával és póréhagymával rögtönzött, mert ősz volt és vége a paradicsomszezonnak.

Az eredeti paradicsomos torta is finom, ezért a Bonne Idée alá tettem. Bármelyik verziót is készíti, mindenképpen erős dijoni mustárt használjon. Gérard a két legnépszerűbb dijoni mustárt használja tortájában: az enyhe, világszerte Dijon néven ismert mustárt és a szemcsés vagy régimódi, Franciaországban "à l'ancienne" néven ismert mustárt. Használhatja az egyiket vagy a másikat, vagy ízlésének megfelelően alakíthatja az arányokat, de bármit csinál, ügyeljen arra, hogy a mustár friss, élénk színű és erős illatú legyen. Tedd azt, amit

Gérard tenne: előbb szagold meg. Ha szinte könnyeket csal a szemed, elég friss ehhez a savanyúhoz.

3 sárgarépa (nem túl zsíros), vágva és meghámozva
3 vékony póréhagyma, csak fehér és világoszöld részek, hosszában félbevágva és megmosva
2 rozmaring ágak
3 nagy tojások
6 evőkanál crème fraîche vagy nehéz tejszín
2 evőkanál dijoni mustár vagy ízlés szerint
2 evőkanál szemes mustár, lehetőleg francia vagy ízlés szerint

Só, lehetőleg fleur de sel, és frissen őrölt fehér bors

1 Egy 9-9,5 hüvelykes kovászos pite kovászból ([>]), részben megsütjük és lehűtjük

Állítsa középre a sütőrácsot, és melegítse elő a sütőt 425 F-ra. Béleljen ki egy tepsit szilikon sütőlappal vagy sütőpapírral.

Vágja fel a sárgarépát és a póréhagymát vékony szeletekre vagy rudakra: először vágja félbe a sárgarépát hosszában, majd tegye a felét vágott oldalukkal lefelé egy vágódeszkára, és vágja ketté keresztben, vagy vágja körülbelül 3 centiméter hosszú darabokra. Vágja a darabokat ⅛ és ¼ hüvelyk vastagságú rudakká. Ha a sárgarépája vastag volt, és úgy gondolja, hogy a rudak nem tűnnek elég vékonynak, vágja ketté hosszában. A póréhagymát ugyanígy felvágjuk.

Helyezze a párolókosarat a serpenyőbe. Felöntjük annyi vízzel, hogy majdnem megpároljuk, lefedjük és felforraljuk. Tegye a sárgarépát, a póréhagymát és egy szál rozmaringot egy kosárba, fedje le, és párolja 10-15 percig, amíg a zöldségek elég puhák lesznek ahhoz, hogy egy kés hegyével könnyen átszúrják. Csepegtesse le a zöldségeket, és szárítsa meg őket; dobja ki a rozmaring ágat.

Egy közepes tálban verjük fel a tojásokat a crème fraîche-val vagy tejszínnel. Adjuk hozzá a mustárokat, ízesítsük sóval és fehér borssal – a mustár általában sós, ezért igazítsuk hozzá – és keverjük össze. Kóstoljuk meg, és nézzük meg, hogy az egyik vagy a másik mustárból szeretnénk-e még egy kis mennyiséget hozzáadni.

A tortaformát bélelt tepsire helyezzük, és a tölteléket beleöntjük a tésztába. A töltelék tetejére helyezzük a zöldségeket – bármerre mehet, de a sütemény közepéből vonzó küllők jönnek ki. A tetejére tegyük a maradék rozmaringágat, és szórjuk meg a zöldségeket sóval és néhány fordulattal a borsdarálóval.

Körülbelül 30 percig süssük a tortát, vagy amíg egyenletesen felpuhul és itt-ott enyhén megpirul, és a puding közepébe szúrt kés tisztán kijön. Helyezze a tortát egy hűtőrácsra, és hagyja 5 percig pihenni, mielőtt eltávolítaná a tepsi oldalát.

Forrón, melegen vagy szobahőmérsékleten (vagy enyhén hűtve) tálaljuk.

6 INDÍTÓ VAGY 4 FŐ ADAT KÉSZÍT

SZOLGÁLÓ
A sütemény közvetlenül a sütőből kivéve, melegen, szobahőmérsékleten, de akár enyhén hűtve is finom – bár biztos vagyok benne, hogy Gerard nem ezt preferálja. Ha előételnek tálalod, vágd hat részre; ha fő eseményről van szó, enyhén öltözött kis salátával tálaljuk.

TÁROLÁS
Mint minden sütemény, ez is a legjobb azonnal elkészítése után, de a maradékot letakarhatjuk, lehűthetjük és másnap rágcsálhatjuk.

JÓ ÖTLET
Paradicsomos és mustáros torta. Ez egy eredeti recept, és szerintem gyakran készíted, amikor érett, lédús paradicsom szezonja van. Szükséged lesz 1 extra nagy paradicsomra, 1 vagy 2 normál méretű paradicsomra, 2 vagy 3 szilvaparadicsomra, vagy 15-20 koktélparadicsomra vagy szőlőparadicsomra (ez csak hozzávetőleges, mert nem tudom, mekkora a paradicsomod). Ha van cseresznye vagy szőlő paradicsom, vágja ketté; ha kerek vagy szilvás paradicsoma van, szeletelje fel körülbelül ½-½ hüvelyk vastagra. Helyezze a feleket (vágott oldalukkal lefelé) vagy szeleteket a töltött tejfölbe, és ne aggódjon, ha belesüllyednek a töltelékbe; csak vigyázz, nehogy annyi

felét vagy szeletet rakjunk bele, hogy a töltelék a kéreg oldala fölé emelkedjen.

mustár

A mustár a franciáknak olyan, mint nekünk a ketchup: fűszerezés – minden kávézóban kerül az asztalra sóval és borssal együtt. A legismertebb mustár a burgundiai Dijon városról kapta a nevét (a dijoni mustár tulajdonképpen egy sima, éles és erős mustárstílusra utal).

A mustár azonban nem Franciaországból származik: úgy tűnik, az ókori rómaiakkal együtt érkezett. Az a tény, hogy a franciák nem találták fel a mustárt, nem akadályozta meg őket abban, hogy örökbe fogadják, és maguk is elkészítsék, és a középkorban a konyha alapterméke volt. A tizennegyedik században XXII. János pápa, aki Avignonban élt, létrehozta „a pápa első mustárkészítőjének" pozícióját, majd két évszázaddal később XIV. Lajos napkirály is utazni kezdett mustárfazékjával. Valójában a mustáros edények hagyományos esküvői ajándékok Franciaországban, és továbbra is elviheti saját kis edényét olyan üzletekbe, mint a Maille.

A két mustár, amit mindig kéznél tartok, a dijoni és a szemcsés mustár, más néven moutarde à l'ancienne vagy régimódi mustár, de ha szereti a mustárt, bátorítom, hogy kísérletezzen. A zöldbors mustár kiválóan használható vinaigretteben, a tormás mustár pedig steakhez. . . és sült krumpli.

Gorgonzola-Alma Quiche

AZ A TÉNY, HOGY FRANCIAORSZÁG számos látványos kéksajt, köztük a Roquefort otthona, nem akadályozta meg a tapasztalt francia szakácsokat és ínyencségeket abban, hogy beleszeressenek a Gorgonzola dolce-ba, egy lágy és enyhe olasz kéksajtba. A Gorgonzola a parmezánnal és a mozzarellával együtt Párizs szinte minden jól felszerelt óvárosában kapható, de más városokban is megbízhatóan. A Gorgonzola enyhébb, édesebb, kevésbé sós ízű és lágyabb, krémesebb állagú, mint a Roquefort, így jobban illik olyan lágy főzetekhez, mint ez a quiche.

Mint minden quiche, ez is úgy néz ki és ízlik, mintha sok idő és szakértelem telt bele; Sok quiche-től eltérően ez kettős meglepetést kínál: a Gorgonzola enyhe-édes-sós powja és az enyhén fanyar alma enyhe ropogása. Ha egy harmadik meglepetésre vágyik, próbáljon meg diót is hozzáadni a keverékhez – a pörkölt dió vagy a mogyoró különösen jó.

Ha hagyományosabb quiche-t szeretne – valójában a leghagyományosabb quiche-t, a quiche Lorraine-t –, nézze meg a Bonne Idée-t.

1 egy evőkanál sótlan vajat
1 kis hagyma, finomra vágva

  Só és frissen őrölt fehér bors

1 Egy 9-9,5 hüvelykes kovászos pite kovászból ([>]), részben megsütjük és lehűtjük
½ kis alma (savanyú-édes alma, például Empire vagy Gala), meghámozva, kimagozva és kis kockákra vágva
2 oz Gorgonzola dolce
⅔ csésze nehéz tejszín
2 nagy tojások

Helyezzen egy sütőrácsot, és melegítse elő a sütőt 400 F-ra. Béleljen ki egy tepsit szilikon sütőlappal vagy sütőpapírral.

Olvasszuk fel a vajat egy kis serpenyőben alacsony lángon, és dobjuk bele a hagymát. A hagymát enyhén fűszerezzük sóval (a Gorgonzola sós) és fehér borssal, és nagyon puhára, de egyáltalán nem színeződésre főzzük, körülbelül 10 perc alatt; Vegyük le a tűzről.

Kibélelt tepsire helyezzük a tejfölt. A hagymát a serpenyőben maradt vajjal együtt egyenletesen elosztjuk a tészta alján. Szórjuk rá az almát a hagymára. A Gorgonzolát apró kockákra vágjuk, és rászórjuk a hagymát és az almát. A tejszínt és a tojást simára verjük, sóval, fehérborssal ízesítjük, majd a tejfölbe öntjük.

Óvatosan tolja be a tepsit a sütőbe, és süsse 30-40 percig, vagy amíg a töltelék egyenletesen fel nem puffad (várja meg, amíg a közepe megkel), megpirul és megdermed. Helyezze a quiche-t egy hűtőrácsra, és hagyja kihűlni, és körülbelül 5 percig állni hagyja.

Óvatosan távolítsa el a serpenyő oldalát, és csúsztassa a quiche-t egy tálra, ha forrón kívánja tálalni, vagy egy rácsra, ha hűtni szeretné. Forrón, melegen vagy szobahőmérsékleten tálaljuk.

6 ADAGOT készít

SZOLGÁLÓ
A Quiche tálalható melegen, melegen vagy szobahőmérsékleten, előételként vagy főeseményként ebédre vagy vacsorára. Ha főételként tálalja, fontolja meg a zöldsalátát, hogy közösségibb legyen.

TÁROLÁS
Ha szobahőmérsékleten kívánja tálalni, néhány órán át enyhén letakarva tarthatja a pulton; ha egy éjszakán át akarod tartani, akkor szorosan csomagold be és tedd hűtőbe. Tálalás előtt a legjobb szobahőmérsékletűre melegíteni, vagy rövid ideig közepes lángon melegíteni.

JÓ ÖTLET
Quiche Lorraine. Hagyja ki az almát, és cserélje ki a Gorgonzolát 2 dl Gruyère-re vágva nagyon kis vékony szeletekre vagy reszelt sajttal. A hagymát megpirítjuk a vajban, majd áttesszük egy tálba. Vágjunk 3 csík főtt szalonnát falatnyi darabokra. (Hogy hitelesebb legyen, kezdje 2-3 uncia füstölt szalonnával, rövid, vékony csíkokra vágva. Forraljuk egy percig forrásban lévő vízben, csepegtessük le, majd szárítsuk meg.) Az összeállításhoz sajttal reszeljük meg. alul tejszínnel, felül

szalonnával. Verjünk fel 2 tojást, ⅔ csésze tejszínt és a főtt hagymát, majd öntsük rá a szalonnára és a sajtra. Főzzük az utasítás szerint.

Quiche Maraîchère

AMIKOR LÁTJA A MARAÎCHÈRE SZÓT, tudja, hogy a piacon friss termékek vannak. Itt van egy quiche-ben, zellerrel, póréhagymával, sárgarépával és kis pirospaprikával. Ez egy szokatlan quiche, mert sokkal több zöldség van benne, mint a puding, és a sajt a tetején van, nem pedig a belsejében.

1 egy evőkanál sótlan vajat
2 zellerszárat, levágjuk és apró kockákra vágjuk
2 karcsú póréhagyma, csak fehér és világoszöld részek, hosszában negyedelve, megmosva és vékonyra szeletelve
2 vékony sárgarépa, vágva, meghámozva és vékonyra szeletelve
1 közepes piros kaliforniai paprika, kimagozva, kimagozva és apróra vágva

Só és frissen őrölt bors

1 Egy 9-9,5 hüvelykes kovászos pite kovászból ([>]), részben megsütjük és lehűtjük
⅔ csésze nehéz tejszín
1 nagy tojás
1 egy nagy tojássárgája
⅔ csésze reszelt sajt, lehetőleg Gruyère (a cheddar is jó)

Olvasszuk fel a vajat egy nagy serpenyőben közepes-alacsony lángon. Dobd bele a zöldségeket, és kevergetve főzd körülbelül 10 percig, vagy amíg megpuhul. Sózzuk, borsozzuk, majd a zöldségeket egy tálba kaparjuk és hagyjuk kihűlni.

Helyezzen egy sütőrácsot, és melegítse elő a sütőt 400 F-ra. Helyezze a héjat egy szilikon sütőlapra vagy sütőpapírral bélelt tepsire.

A zöldségeket belekanalazzuk a tejfölbe és szétterítjük – szinte kitöltik a héját. A tejszínt, a tojást és a tojássárgáját felverjük, sózzuk, borsozzuk, és óvatosan a zöldségekre öntjük. A tészta sütésének módjától függően előfordulhat, hogy túl sok a puding – ne nyomja meg. Annyi pudingot öntsünk bele, amennyit csak tud, anélkül, hogy túlcsordulna, és várjunk néhány percet, amíg a repedésekbe kerül, majd öntsünk még egy kicsit, ha úgy gondoljuk, hogy elhasználódik. Nagyon óvatosan tolja be a tepsit a sütőbe. (Ha könnyebb, a quiche-t puding nélkül tedd a sütőbe, és öntsd bele.)

Süssük a quiche-t 20 percig. Megszórjuk sajttal, és további 5-10 percig sütjük, vagy amíg a sajt aranybarna nem lesz, és ami a legfontosabb, a töltelék egyenletesen felpuffad (várjuk meg, míg a közepe felfuvalkodik), megpirul és megdermed. Helyezze a quiche-t egy rácsra, távolítsa el a serpenyő oldalát, és tálalás előtt hűtse le, amíg még meleg, vagy amíg el nem éri a szobahőmérsékletet.

6 ADAGOT készít

SZOLGÁLÓ
Ha quiche-t tálalunk ebédre vagy előételként egy könnyű vacsorához, tegyük a tetejére salátát. Ha nassolnivalóról van szó italokkal, vágjuk szeletekre, melyeket falatkáknak is fogyaszthatunk.

TÁROLÁS
Mivel ez a quiche nagyon jó szobahőmérsékleten, néhány órával előre elkészítheti, és a pulton hagyhatja. A quiche többi részét becsomagolhatjuk, lefagyaszthatjuk és másnap elfogyaszthatjuk – vagy rövid ideig melegítsük újra a sütőben, vagy hagyjuk szobahőmérsékleten felmelegedni.

Spenót és bacon Quiche

Egyik reggel MEGLEPEDTETTEM A KONYHÁBA, amikor azt tapasztaltam, hogy a férjem boldogan elfogyasztott egy szeletet ebből a quiche-ből reggelire. De tényleg, miért ne? Nagyjából mindent tartalmaz, amit egy spenótos omlettben kívánhat – tojás, spenót, szalonna és sajt –, és ki ne szeretné reggelire? (Kivéve a franciákat, akik egy croissant-t tesznek a kávéjukba, és otthagyják.)

Bár ez a sós torta quiche-nek minősül, nem különbözik a legtöbb quiche-től, mivel nem a sajt a fő összetevő. Ebben a quiche-ben több a töltelék, mint a puding, a párizsi környékbeli kávézóimban ebédidőben felszolgáltak egy kicsit teltebb változata, és több íz – megkóstolható a füstös (bacon), az édes (hagyma és fokhagyma), az ásványos. (spenót) és krémes (tejszínes szósz).

1	Egy 9-9,5 hüvelykes kovászos pite kovászból ([>]), részben megsütjük és lehűtjük
10	uncia fogyasztásra kész bébispenót (vagy körülbelül 1¼ font normál spenót, vágva és megmosva)
4	szalonna csíkok
1	kis hagyma, finomra vágva
1	nagy gerezd fokhagyma, felhasítva, kimagozva és apróra vágva

Só és frissen őrölt bors

2	nagy tojások
⅔	csésze nehéz tejszín
¼	csésze frissen reszelt parmezán

Helyezzen egy sütőrácsot, és melegítse elő a sütőt 400 F-ra. Helyezze a tejfölt egy szilikon sütőlappal vagy sütőpapírral bélelt tepsire.

A spenót főzéséhez helyezze a párolókosarat egy nagy fazékba. Felöntjük annyi vízzel, hogy majdnem megpároljuk, lefedjük és felforraljuk. Adjuk hozzá a spenótot, fedjük le, és pároljuk, amíg megpuhul és alaposan megfonnyad, körülbelül 4 percig. A spenótot kivesszük, lecsepegtetjük, és nagyon hideg víz alatt lefuttatjuk, hogy kihűljön és elszíneződjön.

Amikor a spenót elég hideg ahhoz, hogy ne égesse meg a kezét, szorítsa a tenyerei közé, hogy minél több nedvességet vonjon ki belőle; ezt tételesen csináld, hogy erősebben tudd szorítani. Helyezze a spenótdarabokat egy vágódeszkára, és a spenótot durvára vágja vagy szeletelje fel.

Helyezzük a szalonnát egy serpenyőbe, tegyük közepes lángra, és időnként megforgatva süssük addig, amíg a szalonna mindkét oldala ropogós nem lesz. Tegye át a szalonnát egy papírtörlővel bélelt tányérra, hogy lecsepegjen, majd szárítsa meg (tegye félre a serpenyőt). A szalonnát keresztben vékony csíkokra vágjuk.

A serpenyőből 1 evőkanál kivételével az összes zsírt lecsepegtetjük, közepes lángra tesszük, és rádobjuk a hagymát és a fokhagymát. Ízesítsük sóval és borssal, és főzzük puhára, de egyáltalán nem színezzük, körülbelül 5 percig; Vegyük le a tűzről. A serpenyőbe tesszük a spenót- és szalonnadarabokat, jól összekeverjük, és még egy kis sót és kevés őrölt borsot adunk hozzá.

A spenótos-hagymás keveréket a kéregbe hajtjuk, minél egyenletesebben elosztjuk. A tojást és a tejszínt simára verjük, és a tejfölbe öntjük, adunk egy percet a pudingnak, hogy átázzon, és a spenót körül leülepedjen. A quiche tetejét megszórjuk parmezánnal.

Óvatosan tolja be a tepsit a sütőbe, és süsse 30-40 percig, vagy amíg a töltelék egyenletesen fel nem puffad (várja meg, amíg a közepe megkel), megpirul és megdermed. Helyezze a quiche-t egy hűtőrácsra, távolítsa el az edény oldalát, és tálalás előtt hagyja kihűlni és legalább 5 percig dermedni.

6 ADAGOT készít

SZOLGÁLÓ
Sok quiche-hez hasonlóan ez is kiváló melegen vagy csak melegen, és szobahőmérsékleten is nagyon jó, így a tálalás rajtad múlik.

TÁROLÁS
A maradék quiche letakarható és lehűthető; tálalás előtt melegítsük szobahőmérsékletre. Ha hűvös a konyhája, letakarhatja a quiche-t, és egy éjszakán át szobahőmérsékleten tarthatja. Készítsd el, és ha olyan vagy, mint a férjem, akkor érdemes egyet enni reggelire.

Gombás és mogyoróhagyma Quiche

A GOMBA ÉS A SALÁTA KLASSZIKUS kombináció, és a hagyományos, finomra vágott töltelék, az úgynevezett duxelle alapja. Itt a kombináció egy másik klasszikus, a quiche mély, földes ízt ad. A sima fehér gombák remek quiche-t készítenek, de ha erdei gombát vagy vad és fehér keveréket használunk, az étel csak jobb lesz.

1½ egy evőkanál sótlan vajat
2   medvehagyma, finomra vágva

Só és frissen őrölt bors

1½ a gombát felaprítjuk, feldaraboljuk, tisztára töröljük és ¼ hüvelyk vastagra szeleteljük
2   egy evőkanál apróra vágott friss kakukkfű
1   Egy 9-9,5 hüvelykes kovászos pite kovászból ([>]), részben megsütjük és lehűtjük
¾   csésze nehéz tejszín
2   nagy tojások
2   mogyoróhagyma, csak fehér és halványzöld részek, vékonyra szeletelve
2   evőkanál finomra reszelt Gruyère

Olvasszuk fel a vajat egy nagy serpenyőben, lehetőleg tapadásmentesen. Dobd bele a medvehagymát, ízesítsd sóval, borssal, és közepes-alacsony lángon kevergetve főzd áttetszővé, körülbelül 2 perc alatt. Adjuk hozzá a gombát, ízesítsük ismét sózzuk, borsozzuk, emeljük a hőt magasra, és kevergetve főzzük 5-8 perc alatt, amíg megpuhul és barnul. A gombák először felszívják a serpenyőben lévő összes folyadékot, majd elválik tőle, majd eltűnnek. A gombát megszórjuk 1 evőkanál kakukkfűvel, és további 30 másodpercig főzzük, majd a gombát egy tálba tesszük legalább 15 percre hűlni.

Helyezzen egy sütőrácsot, és melegítse elő a sütőt 350 F-ra. Helyezze a héjat egy szilikon sütőlappal vagy sütőpapírral bélelt tepsire.

A maradék evőkanál kakukkfüvet szórjuk a héjra. Rákanalazzuk a gombát, kerüljük a tálban felgyülemlett folyadékot. A tejszínt és a tojást enyhén felverjük, sózzuk, borsozzuk, és ráöntjük a gombára. A pudingot egyenletesen eloszlatjuk a felszeletelt mogyoróhagyma és a reszelt sajt tetején.

Óvatosan tolja be a tepsit a sütőbe, és süsse 30-35 percig, vagy amíg a puding egyenletesen felpuhul (várja meg, amíg a közepe megkel), enyhén aranybarnára és megdermed. Helyezze a quiche-t egy rácsra, távolítsa el a serpenyő oldalát, és tálalás előtt hűtse le a quiche-t, amíg még meleg vagy szobahőmérsékletű nem lesz.

6 ADAGOT készít

SZOLGÁLÓ
A quiche-t párosíthatod levessel, salátával vagy mindkettővel, de önmagában is finom.

TÁROLÁS
Bár a quiche a legjobb melegen vagy szobahőmérsékleten tálalni az elkészítés napján, a quiche egy éjszakán át hűtőszekrényben tárolható. Tálalás előtt melegítsük szobahőmérsékletre, vagy melegítsük rövid ideig közepes lángon.

Krémes gomba és tojás

ITT VAN EGY ELKERÜLŐ PROBLÉMA ÉS LÉTREHOZOTT RECEPT. Barátaim jöttek vacsorázni, és az volt a tervem, hogy az étkezést borsóval, gombával és buggyantott tojással kezdem, de néhány perccel a megérkezésük előtt rájöttem, hogy valami elromlott a borsómmal (megfagyott és kiolvasztottam túl messze előre). Így a választás a következő volt: hagyd ki az indulót vagy a szójátékot; A punt választottam. Lehet, hogy mást választottam volna, ha nem látom a napos briós a pulton, és nem gondolok arra, hogy milyen finom a gombás briós. Tíz perccel később pirított briósszeleteket pirított gombával és mogyoróhagymával tálaltam, tejszínnel megpirítottam, és meleg tojással megkentem, a sárgája puha és folyós volt. Akkor még csak fehér gomba volt kéznél, de az étel többszöri elkészítése után megerősítettem azt, amit könnyű kitalálni:

10	uncia gomba, lehetőleg vadon élő és termesztett gombák keveréke, csak kalappal, megtisztítva
1	egy evőkanál sótlan vajat
1½	teáskanál olívaolaj
1	nagy mogyoróhagyma, apróra vágva, leöblítve és szárazra törölve

Só és frissen őrölt bors

½	csésze nehéz tejszín
1	egy teáskanál apróra vágott friss rozmaring
1	egy teáskanál apróra vágott friss menta
4	kis szelet házi briós ([>]) vagy bolti vagy challa, enyhén pirított
4	Sült buggyantott tojás ([>]) vagy buggyantott tojás ([>])

Ha nagy gombája van, szeletelje fel alig ¼ hüvelyk vastagságúra, majd vágja ketté keresztben a szeleteket. Ha kisebb gombája van, hagyja egészben, vagy vágja félbe. Falatnyi darabokat keres – nem akarja, hogy vendégeinek fel kell vágniuk őket, hogy megegyék.

Tegyünk egy közepes serpenyőt közepesen magas lángra, és adjuk hozzá a vajat és az olajat. Amikor a vaj leállt, beledobjuk a medvehagymát, és kevergetve főzzük, amíg áttetsző és megpuhul, körülbelül 2 percig. Hozzáadjuk a gombát, sózzuk, borsozzuk, és gyakran kevergetve addig főzzük, amíg a gomba fel nem hagyja a folyadékot. Főzzük tovább és keverjük még kb. 2 percig, amíg a gomba megpuhul, majd öntsük hozzá a tejszínt. A tejszínt felforraljuk, és körülbelül 3 percig főzzük, amíg kissé besűrűsödik, majd levesszük a tűzről és belekeverjük a rozmaringot és a mentát.

A briót saláta tányérokra terítjük, a tetejére rátesszük a gombát, majd a tojásokat.

4 ADAGOT készít

SZOLGÁLÓ
Mind a négy saláta tányérra tegyünk egy-egy szelet briost, mindegyik szelet egy-egy sarkába kanalazzuk a gombát és a medvehagymát – jó, ha a gomba és a tejszín a kenyér szélein átfolyik a tányér közepére, és rárakunk egy tojást. mindegyik tetején. Beleszúrhatod a tojásokat, hogy kifogyjon a sárgája, vagy ráhagyhatod vendégeidre a szórakozást.

TÁROLÁS
Ezt az ételt à la minute kell elkészíteni és felszolgálni – nincs előkészület (hacsak nem buggyantott tojást készítesz), és nincs maradék.

Paradicsomos és sajtos tartlet

AMIKOR A PARADICSOM SZEZONBAN VAN, a franciák ugyanolyan elszántak, mint mi, hogy minél több módot találjanak termésük bemutatására. Látni fogja a tányérokat, amelyek egymást átfedő örökség paradicsomgyűrűkkel vannak kikövezve, csak olívaolajjal csöpögtetve; sűrű szirupos balzsamecetbe öntött paradicsom- és mozzarella saláták; és olyan sütemények, amelyek önmagukban is alkalmasak ebédre.

Mint a tengeri herkentyűs és hagymás torták ([>]) és friss tonhal, mozzarella és bazsalikomos pizza ([>]), ezek a torták lenyomott leveles tésztalapon készülnek, így egyenletes ropogósra sül. Paradicsom- és sajtszeleteket – akár mozzarellát, akár kecskét – spirálisan a tetejére helyezünk. A tapenade vagy pesto alsó rétege láthatatlan, de sok ízt kínál. Miután összeállítottuk a tartleteket, azonnal tálalhatjuk, vagy nagyon rövid ideig felmelegíthetjük. Akárhogy is, a legjobb egy kis olívaolajjal és néhány friss bazsalikomlevéllel befejezni. Ha inkább salátaszerűvé szeretnéd tenni őket, meglocsolhatod balzsameccsel.

Megjegyzés a mennyiségekkel kapcsolatban: Ez nagyjából ugyanaz, mint a recept. A leveles tészta mennyisége pontos, de a többi hozzávaló mérete inkább hozzávetőleges - neked kell eldöntened, hány paradicsomot és mennyi sajtot szeretnél; ugyanaz, mint a sok tapenade vagy pesto. Ezzel a recepttel pedig több-kevesebb tartletet készíthetsz, és változtathatod a méretüket - a kisebb torták jók aperitifnek vagy pikniknek.

1 fagyasztott leveles tésztalap (kb. 8½ oz.), felengedve
  Körülbelül ⅓ csésze tapenade, házi készítésű ([>]) vagy bolti vagy pesto, házi készítésű ([>]) vagy boltban vásárolt

4-5 érett paradicsom, karikákra szeletelve

  8 uncia mozzarella golyó vagy körülbelül ½ kiló friss
1 kecskesajt (lehetőleg rönk formában, mert a legkönnyebb szeletelni)

  Só és frissen őrölt bors

Olívaolaj, csepegtetéshez

Friss bazsalikomlevél, díszítéshez

Balzsamecet, csepegtetőhöz (opcionális)

Középre állítjuk a sütőrácsot, és előmelegítjük a sütőt 400 F-ra. Lisztezett felületen dolgozva a leveles tésztát egy oldalról kb. 13 cm-es négyzet alakúra nyújtjuk. Körülbelül 6 hüvelyk átmérőjű tányérral vagy csészealjjal és egy vágókés hegyével 4 kört vágunk a tésztából. Egy tepsit kibélelünk sütőpapírral, ráhelyezzük a köröket, és villával jól megszurkáljuk. Helyezzen egy másik sütőpapírt a körök tetejére, és tegyen rá egy másik tepsit, hogy lemérje a tésztát.

15 percig sütjük a köröket. Óvatosan távolítsa el a felső tepsit és a pergament – ez egy kicsit trükkös lehet, ezért védje a kezét. Amikor a körök jól megbarnultak és ropogósak, akkor készen vannak; Ha kissé sápadtnak tűnnek és nem sültek át, fedetlen állapotban tegyük vissza a sütőbe a főzés befejezéséhez. Helyezze a tepsit egy hűtőrácsra, és hagyja kihűlni a kéregeket, amíg meleg vagy szobahőmérsékletű nem lesz. (Akár 8 órával előre is sütheti, és szobahőmérsékleten tarthatja fedetlenül.)

A TARTLETTÁK TETEJÉHEZ: Kanalazz egy vékony réteg tapenade-t vagy pestót minden tésztakörre, hagyva körülbelül ½-1 hüvelyket csupasz. Ezután felváltva helyezze el a paradicsom- és sajtszeleteket kerék alakban, és helyezzen egy paradicsom- és/vagy sajtszeletet a közepére, hogy kitöltse a lyukat. Most sóval, borssal ízesíthetjük a tartleteket, meglocsolhatjuk olajjal, végül hozzáadhatunk egy bazsalikomlevelet és kívánság szerint kevés balzsamecetet is, és tálalhatjuk. Vagy kihagyhatja az utolsó feltétet, és először felmelegítheti a tortákat.

A TARTLETTA MELEGÍTÉSÉHEZ: A paradicsom- és sajtszeletek hozzáadása után helyezze a tortalapkákat egy sütőlapra, és helyezze a broiler alá (kb. 5 cm-re tartva őket a tűztől), amíg a sajt alig elolvad, körülbelül 3 percig; vagy 425 fokos sütőben körülbelül 5 percig melegítsük újra. Sózzuk, borsozzuk, meglocsoljuk olívaolajjal, és megszórjuk friss bazsalikommal, és ízlés szerint egy csepp balzsamecettel.

4 ADAGOT készít

SZOLGÁLÓ
Ezek a tanfolyamok önmagadnak szólnak. Ha bazsalikomos salátát szeretnél a torták tetejére tenni, az jó lenne, de egyáltalán nem szükséges.

TÁROLÁS
Az alapokhoz kivágott és átszúrt tészta fagyasztóban legfeljebb 2 hónapig eltartható, szükség esetén kisüthető. A kész tortát az összeállítás után minél hamarabb meg kell enni, különben beázik a tészta.

Friss tonhal, mozzarella és bazsalikomos pizza

A LE COMPTOIR-ba, Yves Camdeborde séf párizsi bisztrójába olyan nehéz bejutni, hogy az asztal megszerzése kérkedéssel jár. Mivel a hely olyan kicsi, az ételek nagyon-nagyon jók, és nincs foglalási politika, a világ minden tájáról érkező ínyencek bármikor, bármilyen időjárásban hajlandóak sorban állni, és soha nem panaszkodnak, mert egy hely, amely folyamatosan megfelel a hírnevének. A lakásom a Le Comptoir mellett van, és személyes szabályzatom van az étteremmel kapcsolatban: ha elhaladok mellette, és van szabad asztal, elviszem.

    Camdeborde a Le Crillon konyhájában dolgozott Christian Constant uralkodása alatt (lásd[>]Állandó a tojásnál), amikor az étterem a legmagasabb, három csillagos értékelést kapta a Michelin kalauzban, és sokkolta a kulináris elitet, amikor megnyitotta saját helyét, ahol – mint mondta – „a környéken élők remek ételeket ehetnek. egy pizza ára."

    Az árak egy kicsit emelkedtek az Yves indulása óta, de még mindig ésszerűek. De akármilyen pizzát is ettek akkoriban a környékbeli barátai, biztos lehet benne, hogy nem ilyen volt. Meglepő olvasni Camdeborde pizzáját - ez a pissaladière része ([>]), rész saláta Niçoise ([>]) és egy darab pizza, amelybe egy nagy adag találmányt dobtak. A pizza is színes és könnyen elkészíthető, főleg ha elősüt (bolti) leveles tészta köröket.

1   fagyasztott leveles tésztalap (kb. 8½ oz.), felengedve
¼   kiló friss mozzarella

    Extra szűz olívaolaj

4   nagy újhagyma, vágva és apróra vágva, vagy 2 közepes hagyma, apróra vágva

    Só és frissen őrölt bors

½   kiló sushi minőségű tonhal, egy darabban
12   nagy friss bazsalikom levelek
4   koktélparadicsom, negyedelve
4   fekete olajbogyó, kimagozva és negyedelve

4   apró retek, vágva és vékonyra szeletelve
1   egy teáskanál finomra vágott friss gyömbért

Középre állítjuk a sütőrácsot, és előmelegítjük a sütőt 400 F-ra.

Enyhén lisztezett felületen dolgozva a leveles tésztát egy kb. Egy 4½ hüvelykes pogácsaszaggatóval, tortagyűrűvel vagy tálkával és egy éles vágókés hegyével vágjon 4 kört a tésztából. Egy tepsit kibélelünk sütőpapírral, ráhelyezzük a köröket, és villával jól megszurkáljuk. Helyezzen egy másik sütőpapírt a körök tetejére, és tegyen rá egy másik tepsit, hogy lemérje a tésztát.

15 percig sütjük a köröket. Óvatosan távolítsa el a felső tepsit és a pergament – ez egy kicsit bonyolult lehet, ezért védje a kezét. Amikor a körök jól megbarnultak és ropogósak, akkor készen vannak; Ha kissé sápadtnak tűnnek és nem sültek át, fedetlen állapotban tegyük vissza a sütőbe a főzés befejezéséhez. Helyezze a tepsit egy hűtőrácsra, és hagyja kihűlni a kéregeket, amíg meleg vagy szobahőmérsékletű nem lesz. (Akár 8 órával előre is sütheti, és lefedve szobahőmérsékleten tarthatja.)

A TARTLETTA ELKÉSZÍTÉSE: Vágja fel a mozzarellát 12 vékony szeletre, helyezze dupla vastagságú papírtörlő közé, és hagyja lecsepegni, amíg elkészíti a pizza többi részét.

Ha kikapcsolta a sütőt, kapcsolja vissza 400 F-ra.

Tegyünk egy közepes serpenyőt közepes lángra, és öntsünk bele körülbelül 2 teáskanál olívaolajat. Amikor az olaj felforrósodott, dobjuk bele a hagymát, és kevergetve főzzük puhára, de nem színezzük meg, körülbelül 5 perc alatt; sóval, borssal ízesítjük. A serpenyőt levesszük a tűzről, és a hagymát elosztjuk a 4 tésztakör között, majdnem a körök széléig elosztva.

Egy hosszú, vékony késsel vágja a tonhalat a szemhez képest 12 vékony szeletre. Mindegyik szelet egyik oldalát megkenjük kevés olajjal, és enyhén megszórjuk sóval és borssal.

Minden sütemény tetejét váltakozva és enyhén átfedő tonhalszeletekkel (fűszerezett oldalukkal felfelé), mozzarellával és bazsalikommal tegyük meg, 3 szelet tonhalat és sajtot, valamint 3 bazsalikomlevelet minden pizzához. A tetejét megkenjük paradicsommal, olajbogyóval és retekkel, és megszórjuk gyömbérrel.

Nagyon takarékosan csorgassunk egy kevés olívaolajat minden pizzára, és a végén sózzuk és borsozzuk.

Tegye vissza a tepsit a sütőbe, és addig melegítse a pizzákat, amíg a sajt enyhén meleg tapintású lesz, 1-2 percig – a tonhalnak átlátszónak kell maradnia. Melegen tálaljuk.

4 ADAGOT készít

SZOLGÁLÓ
A pizzát a sütőből való kivétel után néhány perccel a legjobb tálalni, hogy a héja friss és pelyhes, a tonhal pedig enyhén meleg legyen.

TÁROLÁS
A péksüteményeket akár 8 órával korábban is megsütheti, és szobahőmérsékleten tárolhatja; hasonlóan a sült hagymával. A pizzák összeállítása után azonnal meg kell sütni és sütés után azonnal tálalni.

Fésűkagyló és hagymás torták

Nem tudom, mire gondolt Yves Camdeborde párizsi séf, amikor megalkotta ezeket a papírvékony (vagy finom) leveles tésztákat. Kinek jutna eszébe egy tehetséges séf a karamellizált lassan főtt hagymáról édes-sós kagylószeletekkel? Remek kombináció, remek étel és séf különlegessége, amit bárki tökéletesen elkészíthet otthonában. A tartletták alapja bolti leveles tészta, kinyújtjuk, felvágjuk, majd két tepsi között megsütjük, hogy elkerüljük azt, amire tervezték: leveles tésztát.

Egy dolog szerintem különösen csodálatos ebben a tortában: a tengeri herkentyűk állaga. A friss nyers fésűkagyló sima, bársonyos textúrájú, amelyet gyakran nehéz fenntartani a főzés során. Nincs itt semmi gond – a vékonyra szeletelt tengeri herkentyűket szépen átlapoló körökben a hagymák tetejére helyezzük, majd a süteményeket néhány percre a forró sütőbe csúsztatjuk, csak annyi ideig, hogy a tengeri herkentyűket olyan finoman felmelegítsék. hogy állagukat valamivel a raw mögé állítsák. Egy csepp olívaolaj és a sütemények tálalásra készek.

1   fagyasztott leveles tésztalap (kb. 8½ oz.), felengedve
4   bacon csíkok vagy 3 szelet pancetta
1   egy evőkanál sótlan vajat
¾   1 font vöröshagyma (kb. 2 közepes), vékonyra szeletelve vagy apróra vágva

   Só és frissen őrölt bors

1   kiló szárazon csomagolt tengeri kagyló

   Extra szűz olívaolaj

Középre állítjuk a sütőrácsot, és előmelegítjük a sütőt 400 F-ra.

Lisztezett felületen dolgozva a leveles tésztát egy oldalról kb. 13 cm-es négyzet alakúra nyújtjuk. Körülbelül 6 hüvelyk átmérőjű tányérral vagy csészealjjal és éles vágókés hegyével vágjunk 4 kört a tésztából. Egy tepsit kibélelünk sütőpapírral, ráhelyezzük a köröket, és villával jól megszurkáljuk. Helyezzen egy másik sütőpapírt a körök tetejére, és tegyen rá egy másik tepsit, hogy lemérje a tésztát.

15 percig sütjük a köröket. Óvatosan távolítsa el a felső tepsit és a pergament – ez egy kicsit trükkös lehet, ezért védje a kezét. Amikor a körök jól megbarnultak és ropogósak, akkor készen vannak; Ha kissé sápadtnak tűnnek és nem sültek át, fedetlen állapotban tegyük vissza a sütőbe a főzés befejezéséhez. Tegye a tepsit a hűtőrácsra, és hagyja kihűlni. (Akár 8 órával előre is sorakozhat, és szobahőmérsékleten tarthatja fedetlenül.)

Helyezze a bacon csíkokat vagy a pancettát a serpenyőbe, helyezze a serpenyőt közepes-alacsony lángra, és időnként megforgatva süsse addig, amíg a szalonna mindkét oldala ropogós nem lesz. Tegye át egy két réteg papírtörlővel bélelt tányérra, fedje le még egy dupla papírtörlővel, és szárítsa meg (tegye félre a serpenyőt). A szalonnát keresztben vékony csíkokra vágjuk.

Öntsük le a serpenyőről 1 evőkanál kivételével az összes zsírt, helyezzük a serpenyőt lassú tűzre, és adjuk hozzá a vajat. Ha felolvadt, beledobjuk a hagymát, sózzuk, borsozzuk, és gyakran megforgatva puhára és karamellbarnára főzzük. Legyen türelmes - körülbelül 20 percet vesz igénybe. Belekeverjük a bacon darabokat, és sóval, borssal ízesítjük. Vegyük le a tűzről.

A TARTS ELKÉSZÍTÉSÉHEZ:Ha kikapcsolta a sütőt, kapcsolja vissza 400 F-ra.

Távolítsa el az egyes fésűkagylók oldalán lévő kis izmokat, és helyezze a kagylókat egy vágódeszkára. Vágja a tengeri herkentyűket vízszintesen vékony szirmokra egy éles késsel – valószínűleg mindegyik fésűkagylóból 3 szeletet kap.

Osszuk el a hagymás-bacon keveréket a 4 kéreg között, egy kanál hátával egyenletesen oszlassuk el a hagymát a széleken. Minden süteményhez egyenlő számú kagylószeletet használva helyezze el a kagylókat koncentrikus körökben a hagymán, kissé átfedve a szeleteket. Ízesítsd a kagylót sóval és borssal, és minden tortát csepegtess meg kevés olívaolajjal.

Csúsztassa a tepsit a sütőbe 3-4 percre, csak annyi időre, hogy a tengeri herkentyűk felmelegedjenek. Azonnal tálaljuk.

4 ADAGOT készít

SZOLGÁLÓ

A sütemények önmagukban is finomak és szépek; nem kell nekik más, csak villák és kések.

TÁROLÁS

A zsemlét akár 8 órával előre elkészíthetjük (szobahőmérsékleten tartjuk), a hagymát pedig pár órával korábban megfőzhetjük. Ezek olyan fésűkagylók, amelyek alig várják. Bár néhány órával az idő előtt felvághatja őket, és hűtőszekrényben tárolhatja őket műanyag fólialapok között, a hagymát a tetejére helyezés után a lehető leghamarabb meg kell főzni. és ha megfőzted, azonnal tálalnod kell.

Füstölt lazac gofri

A gofri Észak-Franciaország, a Belgiummal határos régió KÜLÖNLEGESSÉGE, országszerte szeretik, és bármennyire is furcsának tűnik számunkra, reggel szinte soha nem szolgálják fel. A franciák számára a gofri gyakran nassolnivaló – megvásárolhatja az utcán ugyanazoktól az árusoktól, akik palacsintákat készítenek – többnyire desszertként (például gofri és tejszín,[>]) és néha egy sós előétel vagy snack, ami tökéletes az elegáns füstölt lazac borítású gofrihoz.

A tésztát metélőhagymával és mogyoróhagymával és lazaccal ízesítjük. Én hagyományos gofrisütőt használok, de a párizsi éttermek gyakran kínálnak mini gofriváltozatokat, amelyeket úgy készítenek, hogy kis tésztát öntenek a vasalóra. Akár kicsire, akár nagyra készíted a gofrit (és kisebb szeletekre vágod), crème fraîche-al vagy tejföllel megkenve finomak, és még szebbek, ha néhány lazacbogyó gyöngyöt teszel rá.

1¾ csésze univerzális liszt
2 teáskanál sütőpor
1¼ teáskanál só vagy ízlés szerint
¼ teáskanál frissen őrölt bors vagy ízlés szerint
1¾ egy csésze teljes tej
2 nagy tojások
6 evőkanál (¾ rúd) sózatlan vaj, olvasztott
3 uncia vékonyra szeletelt füstölt lazac, vékony csíkokra vagy szeletekre vágva
5 mogyoróhagyma, csak fehér és világoszöld részek, hosszában félbevágva és vékonyra szeletelve
3 evőkanál apróra vágott friss metélőhagyma (vagy több metélőhagyma), plusz még a szóráshoz

Crème fraîche vagy tejföl, tálaláshoz

Lazac ikra, öntet (opcionális)

A lisztet, a sütőport, a sót és a borsot egy közepes tálban habosra keverjük. Egy másik tálban vagy nagy mérőedényben, kiöntővel habosra keverjük a tejet, a tojást és az olvasztott vajat. Öntse a folyékony hozzávalókat a száraz hozzávalókra, és óvatosan keverje össze az egészet - néhány darab jobb, mint a tésztát felverni. Hozzákeverjük a füstölt lazacot, a mogyoróhagymát és a metélőhagymát. (A tésztát letakarhatod és szobahőmérsékleten ostyázás előtt legfeljebb 1 órát hagyhatod; felhasználás előtt alaposan keverd össze.)

Ha készen áll a gofri készítésére, melegítse fel a gofrisütőt a gyártó utasításai szerint. Ha a vasaló nem tapadásmentes, kenje meg enyhén olajjal, vagy permetezze be gyógynövényes főzőpermettel. Ha melegen szeretné tartani a gofrit a karamellás elkészítése közben, tegyen egy rácsot a sütőbe, és melegítse elő a sütőt 200 F-ra; béleljünk ki egy tepsit szilikon sütőlappal vagy sütőpapírral.

Amikor a vasaló forró, öntsön körülbelül ½ csésze tésztát a rácsokra, egyenletesen oszlassa el a felületen egy spatulával – vékony réteget szeretne. (Az, hogy pontosan mennyi tésztára van szüksége, a vasaló méretétől függ.) Hagyja a tésztát körülbelül 30 másodpercig főzni, mielőtt lecsukja a fedőt, és addig főzze a gofrit, amíg az alja jól meg nem pirul – az az oldal, amelyik mindig a legbarnább. és a legszebb, bármit is csinálsz. Ha nem tálaljuk, tegyük egy tepsire, és toljuk be a sütőbe. Addig folytasd, amíg az egész tésztát fel nem főzöd.

A gofrit negyedekre vágjuk, és a negyedeket tányérokra rendezzük. Mindegyik tetejére tegyük crème fraîche-t vagy tejfölt, lazac bogyókat, ha használunk, és egy csipetnyi metélőhagymát. Vagy ha mini gofrit készítettél, abból millefeuille-t készíthetsz, ha krémet kensz a gofrira. Adagonként 3 kis köteg gofrival számoljon.

8 gofrit készít (körülbelül 7 hüvelyk átmérőjű)

SZOLGÁLÓ
A gofrit a konyhában is elkészítheti crème fraîche vagy tejföl és lazacikra hozzáadásával, ha használja; egyszerűen kirakhatja a gofrit és a rögzítéseket, és hagyhatja, hogy a vendégek elkészítsék maguknak; vagy díszesen készíthetsz mini gofrit, amit egymásra lehet rakni. Nagyon finomak, akárhogyan is tálalod.

TÁROLÁS

A gofrit legjobb forrón, vasalóval fogyasztani, bár a sütőben 200 fokon kb 20 percig eltartható. Lefagyaszthatja a frissen készült vagy maradék gofrit. Helyezze őket viaszpapír lapok közé, és légmentesen csomagolja be. Újjáélesztésükhöz olvasszuk fel, majd melegítsük újra, és egy kenyérpirítóban vagy kenyérpirító sütőben.

Hajdina Blini füstölt lazaccal és Crème Fraîche-val

HA BLINI ELÉPÍTHET AZ Oroszországról szóló GONDOLATOKAT, valamint a kaviárral és vodkával megpakolt jégvödrökkel telepakolt konzerveket, akkor ez a szó éppúgy része a koktél szókincsének Franciaországban, mint Oroszországban vagy az Egyesült Államokban. ez a dolog. És a hajdina, amely a blini gyönyörű barna színét és mély, diós ízét adta, szintén nagyon francia – ez a bretagne-i sós palacsintában használt liszt. Valójában a blinik annyira népszerűek Franciaországban, hogy még a kis kisboltok is tárolják a hűtőszekrényben, és bár általában nem árulnak kaviárt, gyakran vannak bennük egyéb dolgok, mint például a taramasalata (pontyikra), a padlizsán és a füstölt lazac. , amelyek remek toppereket készítenek.

A saját blini elkészítése otthon egyszerre szórakoztató és egyszerű, ha nem is olyan gyorsan, mint a közeli 7-Elevenben (vagy 8 à Huitban, a francia megfelelője), mivel ezek élesztőben kelt palacsinták és palacsinták. Adnia kell egy kis időt a kovásznak, hogy kiépítse a kovász erejét. De az idő rövid - hagyja a tésztát másfél órát pihenni, és kész is; egy éjszakán át pihentetjük, és a blininek még ízesebb lesz.

A blinit általában füstölt lazaccal, a legapróbb crème fraîche-szel, lazacirkával és tollas kaporral díszítve tálalom, de a választék széles, és a te választásod.

KÉSZEN ÁLL: A tésztának 60-90 percig kell kelnie.

- 1½ egy csésze teljes tej
- 4 evőkanál (½ rúd) sótlan vaj, 8 darabra vágva
- ¾ csésze univerzális liszt
- ½ egy csésze hajdinaliszt
- 2 egy evőkanál cukrot
- 2 teáskanál aktív száraz élesztő
- ½ egy teáskanál sót
- 3 nagy tojás, enyhén felverve
  Adjunk hozzá vékony szeletekre vágott füstölt lazacot, crème fraîche-t, lazac ikrát (opcionális) és kis kaporszálakat

Melegítse fel a tejet és a vajat egy serpenyőben alacsony lángon (vagy mikrohullámú sütőben), amíg a vaj fel nem olvad, és a tej tapintásra melegnek érzi magát – a 110 F-ot célozza meg. (Ha túllépi a hőmérsékletet, hagyja a keveréket lehűtjük.)

Egy közepes tálban habosra keverjük az univerzális lisztet, a hajdinalisztet, a cukrot, az élesztőt és a sót. A meleg tejet és vajat a száraz hozzávalókhoz öntjük, és óvatosan keverjük, amíg sima tésztát nem kapunk. Fedjük le a tálat műanyag fóliával, tegyük meleg, huzatmentes helyre, és hagyjuk kelni 60-90 percig, vagy amíg buborékos és duplájára nő. (A tésztát lefedve egy éjszakán át hűtőbe tesszük, ha lehűtjük, hagyjuk szobahőmérsékleten kb. 20 percig állni, mielőtt folytatnánk.)

A tésztát felverjük és belekeverjük a felvert tojásokat.

Egy blini serpenyőt, tepsit vagy serpenyőt vajjal, olajjal vagy enyhén szórjunk meg vajjal, olajozzuk meg vagy szórjunk rá közepes lángon. (Az elektromos rácsokat 350 F-ra kell előmelegíteni.) Ha nem tervezi, hogy az egyes tételeket sütés közben szolgálja fel, helyezze a rácsot a sütő közepére, és melegítse elő a sütőt 200 F-ra; béleljünk ki egy tepsit szilikon sütőlappal vagy sütőpapírral.

Minden blinihez 2 evőkanál tésztát kanalazunk a serpenyőbe, és hagyjunk helyet a tésztadarabok között a kenéshez. Amikor a blini alsó oldala aranybarna, a teteje pedig buborékos, fordítsa meg a blinit, és süsse addig, amíg a másik oldala világosbarna nem lesz. (A második oldal mindig gyorsabban sül meg, mint az első, és soha nem olyan szép – ez csak a palacsinták ténye.) A blinit azonnal meghámozhatja, forrón leveheti a tepsiről, vagy tepsire helyezheti, enyhén letakarva tároljuk. az előmelegített sütőben, amíg elkészíti a többi adagot.

Tálaláskor tegyük a blini tetejére füstölt lazacot, crème fraîche-t, lazacikrát (ha használ) és kaporral.

6 ADAGOT készít

SZOLGÁLÓ
Szeretem a meleg blinit a feltétekkel: egy vékony szelet füstölt lazac, egy kanál crème fraîche, egy kis lazac ikra és egy kis szál friss kapor.

TÁROLÁS

A tésztát elkészítheted egy nappal korábban, és a blinit is elkészítheted egy nappal korábban. A felmelegítéshez szilikonos tepsire vagy sütőpapírral bélelt tepsire helyezzük, olvasztott vajjal vékonyan megkenjük, majd 350 fokos sütőben 10-15 percig melegítjük.

Tonhalba csomagolt piquillo paprika

A kapribogyóval, olajbogyóval és mentával tarkított sós tonhal hasával ezek az élénkpiros piquillo paprikák meglepetésszerű megjelenést kölcsönöznek. A tonhalkeverék önmagában is jól használható vékony pirított bagettszeletekre vagy kekszetekre, de édes, füstös paprikával kombinálva és közvetlenül tálalás előtt felmelegítve szinte egzotikusnak tűnik a keverék. A paprika ezt teszi – szinte bármit különlegessé tesz.

Ha Spanyolországban élne, ahol a piquillo paprika terem, vagy a francia Pays Basque-ban, ahol ez a főszerep, az ilyen töltött paprika tapasnak számít, ami finom kis ital, és nincs ok arra, hogy ne igya meg. szóval mindegy, hol laksz. De mivel ezek késes-villás harapnivalók, szeretem felszolgálni, amikor a vendégeim az asztalnál ülnek, és zsonglőrködés nélkül manőverezhetik az evőeszközeiket és élvezhetik a borukat.

Attól függően, hogy hogyan és mikor tálalod, érdemes megduplázni ezt a receptet.

1 5-6 uncia darabok olajos könnyű tonhal, lecsepegtetve

½ citrom reszelt héja

1 egy evőkanál kapribogyót leöblítve, szárazra veregetve és apróra vágva

1 evőkanál apróra vágott mogyoróhagyma (kb. ¼ nagy), leöblítjük és szárazra töröljük

4 Niçoise olajbogyó kimagozva és apróra vágva, vagy 1 evőkanál apróra vágott fekete vagy zöld olajbogyó

2 egy teáskanál finomra vágott friss menta vagy petrezselyem

1 egy evőkanál friss citromlé (ízlés szerint több-kevesebb)

Körülbelül 2 evőkanál extra szűz olívaolaj

Só és frissen őrölt bors

6 piquillo paprika (lásd a forrásokat[>]), csepegtessük le és töröljük szárazra

Tegye a tonhalat egy tálba, és villával enyhén törje fel. Bár lehet pürésíteni, de szerintem akkor jó, ha még kicsit pelyhes. Keverje hozzá a citromhéjat, a kapribogyót, a medvehagymát, az olajbogyót és a mentát vagy petrezselymet. Adjunk hozzá 2 teáskanál citromlevet és 1 evőkanál olívaolajat, valamint egy kis borsot, és fűszerezzük. Valószínűleg még egy teáskanál citromlevet és még egy teáskanál olajat kérsz – ez a tonhaltól és az ízlésedtől függ. Ha úgy gondolja, hogy a keverékhez só kell, azonnal adja hozzá.

Ujjaival óvatosan nyissa ki a paprikát, és töltse meg a töltelékkel minden evőkanálnyit. A paprika legyen telt, de ne legyen színültig tömve. Enyhén kiolajozott kis tepsire tesszük (nem baj, ha összeérnek), vagy enyhén olajozott, fóliával bélelt tepsire helyezzük. Mentse el a maradék tölteléket, hogy kenőcsnek használhassa. (A paprikát letakarva néhány órára szobahőmérsékleten, hűtőben legfeljebb 6 óráig tarthatjuk, melegítés előtt lehetőség szerint melegítsük szobahőmérsékletre.)

Közvetlenül a tálalás előtt helyezze az állványt 4 hüvelykre a brojlertől, és kapcsolja be a brojlert. (A pirítást kihagyhatjuk, és a paprikát szobahőmérsékleten tálalhatjuk, ha szeretjük, de egy kis melegítés nagyon összehozza az ízeket.) Csorgassunk a paprikákra néhány teáskanál olívaolajat, és tegyük a broiler alá. 5-10 percig pároljuk, amíg át nem melegszik. Azonnal tálaljuk.

6 ADAGOT készít

SZOLGÁLÓ
Csak egy pohár borra és esetleg kenyérre van szüksége a tányér letörléséhez.

TÁROLÁS
A paprikákat előre megtöltheti, és lefedve akár 6 órán keresztül hűtőszekrényben tárolhatja.

piquillo paprika

Ha a piquillo paprika csak azért létezne, mert szórakoztató kimondani a nevüket – "peek-ee-oh" -, akkor nekem rendben lenne. De valójában a nevük kimondása nemcsak az alliteráció mókájához vezethet, hanem egy enyhén füstös, kellemesen édes és gyönyörű skarlátpaprika élvezetéhez is.

A baszk konyhában, valamint az ismert szakácsok konyhájában Franciaország-szerte bőségesen használt paprika nem a franciáknál őshonos, hanem Navarrából, a határon túlról Spanyolországból származik. Különlegessége az, hogy tűzön pörkölik, hámozzák és palackozzák (néha konzervdobozba is) - nem zöldségek, amelyeket frissen vásárol a piacról. Körülbelül 2 hüvelyk a lekerekített csúcsuktól a széles tetejükig, húsuk elég szilárd és tágas ahhoz, hogy egy evőkanál töltelékét elférjen. Valójában a paprika tölteléke nagyszerű módja annak bemutatásának, akárcsak a salátákhoz való hozzáadása.

Keresse a DO (eredetmegjelölés) szimbólummal ellátott piquillókat, amely azt bizonyítja, hogy Navarrában termesztették és grillezték. A paprika nem olcsó, de jellegzetes és nagyon finom is.

Téli Ceviche

AMIKOR PÁRIZSBAN BLOGGER MEG ZIMBECK elhozta ezt a Fésűkagyló Ceviche-t egy bográcsos vacsorára, lenyűgözött, hogy hogyan tudott elővenni egy alapvetően latin-amerikai ételt, amely hőségéről és savasságáról ismert, és szelíd francia ízvilágot varázsolt belőle. Míg a határtól délre fekvő ceviche-ben lehetett chili, Meg medvehagymát használt; ahol ropogós zöldségek lehetett, szőlőt tett hozzá; ahol koriandert lehetett belekeverni, Meg a tarhonyát választotta, amely egy alapvetően francia fűszernövény; és ahol fanyarság lett volna, ott éles édesség (mangónektárral lágyított citrusfélék). Zseniális főzet volt, de tipikus Meg-módra, amikor elküldte nekem a receptet, Strange, Made-Up Winter Ceviche-nek nevezte, egy szellemes név, amely megváltoztatta a receptet és a kulináris fantáziáját is.

Ezt az ételt könnyű szaporítani, így bulikra is tökéletes, főleg az ünnepek alatt.

KÉSZEN ÁLL: A tengeri herkentyűknek legalább 1 órán át pácolódniuk kell.

- ½ medvehagyma, vékonyra szeletelve, leöblítve és szárazra verve
- ½ egy teáskanál sherry ecetet

    Fleur de sel vagy más tengeri só és frissen őrölt bors

    1 citrom finomra reszelt héja és leve

    1 lime finomra reszelt héja és leve

- ½ egy csésze mangónektárt
- 1 evőkanál barna cukor
- 12 fésűkagyló, szívós oldala eltávolítva (vagy 4 tengeri kagyló, eltávolítva és negyedelve)
- 1 egy csésze friss tárkonylevél
- 2 teáskanál extra szűz olívaolaj
- 12 mag nélküli szőlő, félbevágva (vagy negyedelve, ha nagyon nagy)

Tegye a medvehagymát egy kis tálba az ecettel, egy csipet tengeri sóval és egy kevés borssal, és dobja meg nedvesíteni. Fedjük le az edényt és hagyjuk szobahőmérsékleten.

Egy tálban keverjük össze a citrom és a lime héját és levét, a mangónektárt, a barna cukrot és egy csipet sót és borsot. Adjuk hozzá a tengeri herkentyűket, forgassuk meg a pácban, fedjük le, és tegyük hűtőbe legalább egy vagy akár 4 órára.

Tálaláskor a tárkonyleveleket egy kis tálba tesszük, meglocsoljuk olívaolajjal, sózzuk, borsozzuk. Osszuk el a leveleket négy kis tálba.

A tengeri herkentyűket kivesszük a pácból, tálakba osztjuk, és ha szükséges, sózzuk, borsozzuk. A szőlőt gyorsan mártsuk a pácba, és egyenletesen szórjuk körbe a tengeri herkentyűket. Az ételt medvehagymával fejezzük be. Tálalhatod az ételt úgy, ahogy van, vagy minden edénybe kanalazhatod a pácot – én többet kanalazom, mint egy kevés pácot, mert függő vagyok tőle.

4 ADAGOT készít

SZOLGÁLÓ
Amint összeállította a tányérokat, azonnal tálalja – nem akarja, hogy a tárkony elveszítse az erejét.

TÁROLÁS
Bár a tengeri herkentyűknek legalább 1 órán át pácolódniuk kell, nem tartósíthatók.

Tonhal és mangó Ceviche

SZENEGÁL, egy nyugat-afrikai ország, amely egykor francia gyarmat volt, ihlette az ételt Szenegál két legfontosabb exportcikkéből, a mangóból és az avokádóból. Rummal ízesítik, egy olyan itallal, amelyet a franciák az Antillákon kedveltek meg és hoztak magukkal Afrikába. Eredetileg grillezett gambát (garnélarák) tartalmazó előétel. Ebben a változatban a tonhal helyettesíti a garnélarákot, és a hozzávalókat összedobják és pácolják. Ha szereti, elkészítheti az ételt garnélarákkal (a kis garnélarák a legjobb) vagy megpiríthatja a tonhalat (vagy garnélarákot), és ráhelyezheti a rumba áztatott mangóra és avokádóra – az összetevők olyan hasonló állagúak, hogy meglepő, hogy nem használják őket. gyakrabban együtt (lásd Bonne Idée).

A franciák nem különösebben szeretik a csípős és csípős ételeket – a meleg és a fűszer nem borbarát –, de az afrikai (és antillák) étel csípős, és nem idegen a csípős paprika vagy a Tabasco szósz. ezekben a konyhákban, ezért melegítse fel az edényt ízlés szerint. A közönségtől függően apróra vágott csípős paprikát vagy extra Tabascót dobok a keverékbe. Úgy tűnik, hogy a melegítés fokozza a mangó édességét, az avokádó lágyságát és a tonhal gazdagságát.

KÉSZEN ÁLL: A Ceviche-t 1 órán át kell pácolni.

- 2 lime
- 1 nagy mangó, meghámozva, kimagozva és ½ hüvelykes kockákra vágva
- 1 nagy avokádót meghámozva, kimagozva és fél hüvelykes kockákra vágva
- 1 apró vöröshagyma, félbevágva, vékonyra szeletelve, leöblítve és szárítva
- 2 negyed nagyságú szelet friss gyömbér, meghámozva és apróra vágva
- 1 kis piros chili paprika, apróra vágva (elhagyható)
- ½ font sushi minőségű tonhal, fél hüvelykes kockákra vágva
- 4 teáskanál extra szűz olívaolaj
- 1 egy evőkanál fehér rum

Tabasco ízlés szerint

Só és frissen őrölt bors

Friss korianderlevél, díszítéshez

Mindkét lime héját egy közepes tálba finomra reszeljük. Egy lime-ot keresztben félbevágunk, az egyik feléből gyümölcsszeleteket vágunk ki a hártyákból. Vágja a részeket nagyon kis kockákra. A gyümölcsöt egy tálba dobjuk, és a lime másik feléből facsarjuk bele a levét a tálba. Adjuk hozzá a mangót, az avokádót, a hagymát, a gyömbért, a chilit (ha használunk) és a tonhalat, majd gumilapáttal óvatosan keverjük össze az egészet.

A maradék lime levét egy kis tálba préseljük ki, és keverjük hozzá az olívaolajat és a rumot. Ízesítsük Tabascóval, sózzuk, borsozzuk, majd öntsük a vinaigrettet a tonhalas keverékre, és ismét enyhén dobjuk fel, hogy ne törje össze az avokádót. Ízlés szerint fűszerezzük – még egy lehetőséged van a ceviche fűszerezésére, úgyhogy most ne ess túlzásba –, majd fedd le szorosan a tálat és tedd hűtőbe egy órára.

Tálaláskor módosítsa a só, bors és a Tabasco mennyiségét, ha szükséges, és keverje meg még egyszer a ceviche-t. Azonnal tálaljuk, néhány korianderlevéllel díszítve.

4 ADAGOT készít

SZOLGÁLÓ
A ceviche-t szívesen tálalom martinis poharakban vagy pálinkás poharakban, de kis tálkákba kanalazva is finom.

TÁROLÁS
A Ceviche 1 órával a keverés után éri el csúcspontját. Még egy órát hűtve tarthatjuk, de ha túl sokáig várunk, a lime leve „megfőzi" a hal, a mangó és az avokádó állagát.

JÓ ÖTLET
Rántott tonhal vagy garnélarák mangóval és avokádóval.
Főételnek tálalom és 2 mangóval és 2 avokádóval készítem. Ha a tonhal csillaggal megy, akkor 1 font tonhalat használok; ha a garnélarák vannak az élen, én jumbo garnélarákot használok, és

rajzolok egy személyt. 5. Vágja fel a tonhalat 1-2 hüvelykes kockákra, vagy hámozzuk meg a garnélarákot, ha kívánja, hagyjuk rajta a farokhéjat, és vágjuk fel. Készítsen lime vinaigrettet 1 lime levéből; félretesz. Szeletelje fel a mangót és az avokádót vékony szeletekre vagy csíkokra, és helyezze át egymást átfedő körökben egy tálra. Szórjuk rá a hagymát, gyömbért és chili paprikát (ha használunk). Dobja meg a tonhalat vagy a garnélarákot sóval, borssal és, ha kívánja, néhány pirospaprika pehellyel. Melegítsünk fel 1 evőkanál enyhe olajat (pl. szőlőmag vagy repce) egy nagy serpenyőben (itt a tapadásmentes a legjobb) vagy wokban, és amikor már majdnem fényes, dobjuk bele a tenger gyümölcseit. (Lehet, hogy ezt tételesen kell megtennie.) A tonhalat oldalanként kb. 1 percig sütjük, amíg kívülről meg nem pirul, a garnélarákot pedig kb. 2 percig, amíg meg nem pirul. A tál közepére kanalazzuk a tenger gyümölcseit, megkenjük a mangót és az avokádót lime vinaigrette-vel, megszórjuk a tonhalat vagy a garnélarákot, és azonnal tálaljuk a korianderlevéllel. Ha maradt vinaigrette, tedd az asztalra.

Lazac tatár

EGÉSZ ÉVBŐL, amikor főzök, még mindig izgatott vagyok, amikor olyan ételt készíthetek, aminek nem csak az íze, mint amit egy étteremben ettem, hanem úgy is néz ki. És ha egyszerűen és gyorsan tökéletesíthető, mint ez a háromrétegű tatár, annál jobb. A finom éttermek és a hangulatos bisztrók étlapján rendszeresen megtalálhatóak különféle lazactartárok, amelyek mindegyike jól fűszerezett, apróra vágott vagy kockára vágott nyers lazacból készül. Néha a lazac magányosnak tűnik, mint egy klasszikus marhahús tatár; néha egy kis mikrozöld vagy gyógynövény puffan, hogy társaságot tartson; és néha a lazacot más színes összetevőkkel kombinálják, így minden egyes villa ízek, színek és textúrák élénk keverékét hozza magával. Avokádóval, paradicsommal, lime-mal, mentával és metélőhagymával ez a tatár az egyik legélénkebb és az egyik legszebb. A rétegeket – avokádó, lazac, majd szeletelt szőlőparadicsom – egy 4 hüvelykes kerek palacsintakarikára építem, de elkészíthetjük ramekinben vagy tálkában, vagy martini- vagy konyakpoharakban is, amelyek remek bemutatót alkotnak.

Bár a lazacot és a paradicsomot idő előtt felapríthatjuk, és belekeverhetjük a legtöbb fűszert, a lime levét, lime-szeleteket vagy sót ne az utolsó pillanatig adjuk hozzá, mert a lime-ben lévő sav „megfő". "lazac, fehéríti a színét és feszesíti az állagát. Ha idő előtt hozzáadja a levet, az nemcsak a tartár friss megjelenését és ízét rontja, hanem ceviche-vé varázsolja a tatárt – ez nem szörnyű, de nem is olyan, amilyen ez az étel ról ről.

Egy utolsó dolog: az adagok mérete. Én személyenként negyed kiló lazacot használok, ami kiadós előétel vagy tökéletes főétel egy ebédhez salátával, sajttal és remek kenyérrel. Mivel ez egy "csináld magad" építési projekt, könnyen beállíthatod az adag méretét az étkezésedhez.

2 lime
1 1 kiló lazacfilé, vastag közepéből vágva, bőrét eltávolítva
2 mogyoróhagyma, csak fehér és világoszöld részek, hosszában negyedelve és vékonyra szeletelve

2 egy evőkanál finomra vágott friss metélőhagyma
1 egy evőkanál apróra vágott friss menta
4 teáskanál extra szűz olívaolaj

Só és frissen őrölt bors

Tabasco

20 szőlő paradicsom
2 Hass avokádó

Pisztáciaolaj (lásd a forrásokat[>]; választható)

Legyen kéznél egy 4 hüvelykes palacsintakarika (vagy kovászos vagy sütőkarika), vagy használjon négy karikát, ha van, vagy négy darab egypohárnyi, műanyag fóliával letakart tálat, vagy négy martini- vagy konyakpoharat.

1 lime héját reszeljük le egy viaszpapírra. Éles késsel hámozzuk meg a lime-ot, eltávolítjuk belőle az összes fehéret. A tál felett dolgozva, hogy felfogja a gyümölcslevet, nagyon óvatosan vágja ki a gyümölcsszeleteket, és válassza le őket a héjtól. Préselje ki a levet a membránokról egy tálba; félretesz. A szeleteket keresztben félbevágjuk.

Vágja a lazacot fél hüvelykes kockákra, és dobja egy tálba. Hozzáadjuk a hagymát, a reszelt lime héj felét, 2 teáskanál metélőhagymát, 1 teáskanál mentát és 2 teáskanál olívaolajat. Sózzuk, borsozzuk, és a keverékhez adjuk a Tabascót. Óvatosan keverjük össze a hozzávalókat, és fedjük le a tálat. (A lazacot 2 órával korábban elkészítheti; hűtsük, amíg szükség van rá.)

Mindegyik szőlőparadicsomot kettévágjuk, és egy tálba tesszük. Adjon hozzá 2 teáskanál metélőhagymát, 1 teáskanál mentát és a maradék 2 teáskanál olívaolajat, és dobja fel. Ha most összeállítja a tatárt, ízesítse sóval és borssal; ha vársz, csak borsot adj hozzá. (Ekkor a paradicsomot körülbelül egy órával a tálalás előtt elkészítheti; lefedve tartsa szobahőmérsékleten)

Közvetlenül a tatár tálalása előtt készítse elő az avokádót. Távolítsuk el a köveket, hámozzuk meg és vágjuk fel a gyümölcsöt ½ hüvelykes kockákra. Tedd a darabokat egy tálba. A maradék lime-ot felezzük, hogy levet készítsünk; tartsa kéznél az első lime levét.

Óvatosan összekeverjük - nem akarod összetörni az avokádót - hozzákeverjük a maradék lime héját, egy kevés lime levét (én rögtön megkóstolom és általában fél vagy egész lime levét használom), a maradék 2 teáskanál metélőhagymát, ill. az utolsó teáskanál menta. Adjunk hozzá egy csepp Tabascót, és ízesítsük sóval, borssal.

A lime szeleteket a lazacra keverjük, kevés lime levét adunk hozzá – negyed-fél lime is elég lehet, de ízlés szerint adjunk hozzá többet-kevesebbet – és sózzuk. Kóstoljuk meg a lazackockát, és nézzük meg, hogy kell-e még só, bors, tabasco vagy lime lé. Sózzuk a paradicsomot, ha még nem tetted meg.

Ha palacsintakarikát (vagy karikákat) használunk, helyezzük a gyűrűt egy tálra vagy saláta tányérra, és adjuk hozzá az avokádókeverék negyedét, nyomva töltsük meg a gyűrűt. Ezután adjunk hozzá egy egyenletes réteg negyedelt lazacot. Ezen a ponton a keverék valószínűleg a gyűrű tetején van – ez jó. Óvatosan helyezze a paradicsom egynegyedét a lazac tetejére, óvatosan nyomja meg, hogy a helyén maradjon. Nem baj, ha a fogkő teteje lekerekített – szép. Óvatosan távolítsd el a gyűrűt (ha nincs elég gyűrűd egy kör kialakításához), és építsd meg a következő lapkát. Addig folytasd, amíg mind a 4 fogkőt fel nem építed (ha szükséges, távolítsd el a karikákat).

Ha műanyaggal bélelt ramekineket vagy tálakat használunk, először a paradicsomot tegyük bele, majd a lazacot, majd az avokádót. Nagyon-nagyon finoman nyomkodja le a rétegeket, majd fordítsa minden ramekont vagy tálat egy tányérra, emelje le, és távolítsa el a műanyagot.

Ha poharakat használunk, úgy rétegezzük a hozzávalókat, mint egy gyűrűhöz.

Kívánság szerint csepegtessünk néhány csepp – tényleg csak egy csepp – pisztáciaolajat a tatárokra és környékére, és tálaljuk.

4 ADAGOT készít

SZOLGÁLÓ
Ez önmagában egy étel; semmi más nem kell hozzá.

TÁROLÁS

A lazacot és a paradicsomot néhány órával korábban elkészítheti, de a tartár a frissességtől függ, és minél közelebb készíti el a tálalás idejét, annál jobb lesz.

Lazac és burgonya egy dobozban

A GRAVLAX ÉS A TARTARE KÖZÖTT egy olyan étel, amely még akkor sem vall kudarcot, ha – ahogy én gyakran szoktam – tálalja a hozzáértő párizsiak számára, akik tudják, hogy ez a szerény bisztró klasszikus modern változata, a hering és a burgonya.
Konzervdobozokba vagy konzervdobozokba csomagolják, amelyek nagyszerűen mutatnak az asztalra. Valójában két étel egyben: van aromás olajban pácolt főtt burgonya, és cukorban és sóban szárított lazacdarabok, mint a mártáslakk, majd pácolják. . Az étel nagyon egyszerű – az egyetlen főzés a burgonya főzése. De türelmesnek kell lenned, mert várnod kell egy-két napot, mielőtt belevághatsz. A duó azonban mindig meglepő, különösen azoknak, akik ismerik az eredetit az éttermekből; örömet okoznak, amikor olyasmit szolgálnak fel, amit a legtöbb ember szerint csak egy szakács tud elkészíteni.

A recept bármilyen lazacdarabbal működik, de akkor működik a legjobban (és akkor néz ki a legjobban), ha a filé vastag közepéből vágott darabot használ. A közepes vágással gömbölyded lazacdarabokat szeletelhet fel, amelyek egyenletesen száradnak.

Végül pedig ne tántorítson el a receptben szereplő olívaolaj mennyisége – az sok, de nem eszi meg az egészet. Bár mind a lazac, mind a burgonya bevonásához nagy mennyiségű olajra van szükség, egyik sem szív fel sokat. A maradék burgonyaolajat felhasználhatja más zöldségek fűszerezésére vagy főzésére, vagy vinaigrette készítésére, a lazacolajból pedig vinaigrettet vagy akár majonézt készíthet más halételekhez vagy salátákhoz.

KÉSZEN ÁLL:Legalább 1 nappal korábban kell kezdeni.

2	evőkanál kóser só vagy más durva só
1	egy evőkanál cukrot
1	1 kg lazacfilé, a hal legvastagabb részéből vágva, meghámozva
1	apróra vágott burgonyát vagy más apró burgonyát, meghámozva
20	koriander magok
20	szemes fekete bors
4	babérlevél, osztva
8	kakukkfű ágak

2	nagy sárgarépa, vágva, meghámozva, hosszában félbevágva és vékonyra szeletelve
1-2	kis vörös vagy sárga hagyma, félbevágva és vékonyra szeletelve

Körülbelül 4 csésze olívaolaj

só

3	evőkanál desztillált fehér ecetet vagy fehérborecetet

Tálaláshoz citrom vagy lime szeleteket

LEGALÁBB 1 NAPPAL tálalás előtt:Keverjük össze a sót és a cukrot egy tálban. Vágja a lazacot 12 egyenlő részre, dobja a darabokat egy tálba, és óvatosan fordítsa meg a lazacot, hogy egyenletesen bevonja. (Ehhez a legegyszerűbb a kezét használni.) Tegye a lazacot szorosan egy tálba vagy terrinebe (lehet rétegezni a vajat), szorosan fedje le műanyag fóliával, és tegyük hűtőbe legalább 12 órára, de legfeljebb 18 órára.

KÖVETKEZŐ NAP:Készítsen elő két literes üvegeket vagy edényeket. (Ha nagyon kicsi burgonyánk van, egy fél literes üvegben is elfér.) Alternatív megoldásként használhat terrineket, tálakat vagy akár erős, cipzáras műanyag zacskókat.

Forraljunk fel egy nagy fazék sós vizet. Dobd a burgonyát az edénybe, és főzd addig, amíg egy kés hegyével könnyen átszúrható, méretétől függően 10-20 percig. A burgonyát lecsöpögtetjük, és ha szükséges, meghámozzuk. (Általában a bőrön hagyom.)

Öblítse le a lazacot hideg víz alatt (a sóoldatot dobja ki), és szárítsa meg.

A fűszereket, fűszernövényeket, sárgarépát és hagymát kettévágjuk. Kezdje azzal, hogy a lazacot egy dobozba csomagolja, felhasználva az aromás anyagok felét. Készítsen egy réteg lazacot, és fedje be egy kis korianderrel és borssal, egy darab babérlevéllel, egy kis kakukkfűvel, valamint sárgarépával és hagymával; addig folytatjuk, amíg az összes lazac a konzervdobozba nem kerül. Ha sikerül, jó fűszerekkel, fűszernövényekkel, sárgarépával és hagymával befejezni. Öntsünk rá annyi olívaolajat, hogy ellepje a hozzávalókat, és zárjuk le az üveget.

Csomagolja be az egész vagy kockára vágott burgonyát egy másik üvegbe ugyanilyen módszerrel, de ezúttal minden réteghez tegyünk egy csipet sót (a burgonya sót is fogyaszthat). Miután a burgonyát becsomagoltuk és hozzáadtuk az olajat, öntsük hozzá az ecetet, zárjuk le az üveget, és néhányszor óvatosan rázzuk össze, hogy az ecet elkeveredjen az olajjal. (Ha a burgonyát más típusú edénybe csomagolta, a lehető legjobban dugja össze a hozzávalókat.)

Helyezze mindkét üveget a hűtőszekrénybe, és hűtse legalább 6 órára vagy legfeljebb 3 napig.

Kívánság szerint közvetlenül az üvegekből tálaljuk citrom- vagy lime-karikákkal.

6 ELŐTÉTEL ADAT VAGY 4 EBÉD FŐÉTEL ADAG KÉSZÍTÉSE

SZOLGÁLÓ
Szeretem az üvegeket az asztalra vinni, és citrom- vagy lime-karikákkal körbeforgatni – a lazac lével finom –, rozssal, pumpernikkellel vagy más sötét kenyérrel és egy kis vajjal. Kihagyhat egy enyhén öltöztetett zöldsalátát is.

JÓ ÖTLET
Sült, sózott lazac. A szárított lazacot ahelyett, hogy sóval és cukorral pácolnád, inkább megpiríthatod. A lazac kívül kemény, belül rózsaszín és szatén. Négy tálaláshoz használjon 4 középre vágott lazacfilét, egyenként 5-6 uncia, és szárítsa meg őket 3 evőkanál durva só és 2 evőkanál cukor keverékében 12-18 órán át. Ha készen áll a lazac főzésére, alaposan öblítse le a darabokat, és törölje szárazra. Helyezzen egy rácsot a sütő közepére, és melegítse elő a sütőt 425 F-ra. Helyezze a lazacot alufóliával bélelt tepsire, és süsse 5-7 percig, vagy amíg a filébe szúrt késsel meg nem jelenik a megszilárdult hús, de még mindig nagyon rózsaszín. . Tálaljuk a lazacot olvasztott vajjal vagy olívaolajjal, és ha szükséges, salsával ([>]), mangó chatini ([>]), egy kis pesto ([>]) vagy petrezselymes coulis ([>]).

Rákos-avokádós ravioli

HA VALAHA EGY RAID AZ ORSZÁGOT ELFOGADTA VIHARAL, ez volt az. A párizsi L'Astrance séfjétől, Pascal Barbottól származik, és az étterem 2001-es megnyitásakor szerepelt az étlapján. Ma a L'Astrance három Michelin-csillaggal rendelkezik, és Franciaország "raviolija" (mindenhol megtalálja ennek változatait).

Ebben az ételben egyetlen tésztalap sem található; Ehelyett van két nagyon vékony szelet avokádó, amelyekből finom ráksalátát készíthet. Megőrülök attól, ahogyan Barbot vágja az avokádót: mandolint használ, hogy vékony, egyenletes szeleteket kapjon, és nem hámozza meg és nem távolítja el a gyümölcsöt vágás előtt. Ez egy finom technika, amely biztosítja, hogy a szeletek megtartsák alakjukat. Ha nincs mandolin vagy Benriner szeletelő, akkor ezt kézzel is megteheti.

A L'Astrance-ban a ráksalátát lime héjával és levével, metélőhagymával és mandulaolajjal keverik össze. A salátát lime-mal készítem, de teszek bele apróra vágott medvehagymát és koriandert is. A ravioli játékos felépítése annyira jó, hogy szinte bármilyen variációt elbír az Ön ízlésének megfelelően.

½ egy kiló rákhús, lehetőleg egy jumbo darab, porcra és héjra szedve

Fleur de sel vagy más tengeri só

½ lime reszelt héja és leve (vagy esetleg facsarj ki több levét)

½ mogyoróhagyma, finomra vágva, leöblítve és szárazra törölve

1 egy evőkanál apróra vágott friss koriander

Körülbelül 2 evőkanál édes mandulaolaj (lásd a forrásokat[>]) vagy extra szűz olívaolaj (opcionális)

2-3 nagy érett, de kemény Hass avokádó

Frissen őrölt fehér bors

Helyezze a rákot egy tálba, és villával (vagy az ujjaival) enyhén dobja össze egy csipet tengeri sóval és a lime héjával. Hozzákeverjük a medvehagymát és a koriandert, majd facsarjuk hozzá a lime levét. Kóstolja meg a sót és a lime levét. Ízlés szerint óvatosan keverjünk hozzá egy kevés mandula- vagy olívaolajat.

Hámozás és kimagozás nélkül szeletelj fel 2 avokádót egy mandolinon. Ha mandolin vagy Benriner szeletelővel dolgozik, akkor a lyukakon keresztül vág. Ideális esetben két avokádóból 12 szelet lesz magával és 12 szelet nélkül; ha nem tudod (és lehet, ha kézzel vágod), vágj egy másikat. Egy vágókéssel vagy az ujjaival távolítsa el a bőrt és a magot minden szeletről. Ha kézzel vágjuk az avokádót, hámozzuk meg és vágjuk fel, távolítsuk el a magját és szeleteljük fel.

A raviolit legjobb egyedi tányérokra építeni, személyenként 3 ravioli. Mindegyik aljára válasszunk egyet a nagy avokádószeletek közül – a lyukasakat –, és töltsük meg a lyukakat egy merőkanál ráksalátával. A tetejére teszünk egy kis szelet avokádót, ízesítjük sóval, kevés fehér borssal és egy kis csepp lime levével, végül ízlés szerint csepegtessünk hozzá egy csepp mandula- vagy olívaolajat.

A ravioli elkészítése után azonnal tálaljuk, mert az avokádó kellemetlenül feketévé válik, ha pár percig a levegőn hagyjuk.

4 ADAGOT készít

SZOLGÁLÓ
Semmit sem kell hozzátenni vagy díszíteni.

TÁROLÁS
Körülbelül egy órával korábban elkészítheti a ráksalátát, de ne adjuk hozzá a lime levét, amíg készen nem vagyunk a salátára. Az avokádót szeletelés után azonnal fel kell használni.

Garnélával töltött cukkini virágok

KIK VOLTUNK EBÉDÉN, amikor a séf elkezdett egy kis extra meglepetést vinni mind a nyolc asztalára. Az étterem korábban Spring volt, Párizsban; a séf a rendkívül tehetséges Daniel Rose volt, azon kevés amerikai séf egyike, aki elismerést nyert Franciaországban; a meglepetés pedig a gyönyörű cukkinivirág-beignett vagy fritt volt, tempura tésztával bevonva, és langoustinnel, azzal a fényűző rákfélével töltötték meg, amelyet az amerikaiak rákként vagy dublini garnélaként ismertek. A rántások forróak voltak, frissen kerültek a grillről, lenyűgözőek és rendkívül egyszerűek.

Imádtam őket, de tudtam, hogy nem fogom gyakran feltálalni ezeket a bonbonokat, ha langoustinnel kell megtöltenem. Garnélával készítettem őket, és örömömre játszottam. (További jó töltelékért lásd a Bonne Idees-t.)

Tavasszal feltét nélkül tálalták, de majonézzel vagy akár tartármártással is tálalhatták. Vagy tálalhatja úgy, ahogy a baszkföldi Ostapéban bemutatták a hasonló cukkinis rántottákat – kis paradicsomsalátával (hámozott és kimagozott) kockára vágott paradicsomból, fleur de sel-lel fűszerezve és zamatos olívaolajjal meglocsolva.

Megjegyzés a tempura tésztával kapcsolatban: Tempura tészta keveréket vásárolhat dobozban, de a tészta elkészítése egyszerű. Míg a hagyományos francia tempura receptek általában hideg vizet és jégkockákat tartalmaznak, azt tapasztaltam, hogy a szóda vagy a seltzer remek tésztát készít, ezért adom a receptemet.

A TÉSZTÁHOZ

¾ csésze univerzális liszt
1½ teáskanál sütőpor
½ egy teáskanál sót

Frissen őrölt bors

| 1 | egy csésze nagyon hideg szódabikarbóna vagy seltzer, vagy szükség szerint |

SÜTŐKÉRT

| 12 | cukkini virágok |
| 12 | közepes vagy nagy garnélarák, meghámozva és apróra vágva |

Só és frissen őrölt bors

Mogyoróolaj, sütéshez

Fleur de sel vagy más tengeri só, szóráshoz

majonéz, házi ([>]) vagy bolti tartárszósz vagy koktél vagy chili szósz, tálaláshoz (elhagyható)

A TÖSZTA KÉSZÍTÉSE:Egy tálban habosra keverjük a lisztet, a sütőport, a sót és egy-két őrölt borsot, majd beleforgatjuk a szódát vagy a sóoldatot. A tészta sűrű krém állagú. Ha nem használja azonnal, fedje le és hűtse le. (A tészta legfeljebb 1 óráig tárolható a hűtőben.)

A SÜLTŐK ELKÉSZÍTÉSÉHEZ:A virágokat enyhén megnedvesített papírtörlővel töröljük át, vagy ha szennyeződés tapadt rájuk, ecsettel pöccintse meg, hogy eltávolítsa: nem akarjuk megmosni a virágokat, meg lehet öntözni. Óvatosan húzza ki a virágokat, nyúljon bele az ujjaival, vágókéssel vagy csipesszel, és húzza ki a magokat és a porzót. Fájdalommal jár, és eltéphet egy-két virágot, de ez rendben van – a garnélarák és a tészta mindent megold.

A garnélarákot kevés sóval és borssal ízesítjük. Tegyen minden virágba 1 garnélarákot, és óvatosan csavarja meg a virág tetejét, hogy lezárja (ne csavarja túl, ha nincs elég virága a csavaráshoz, a garnélarák nem esik ki).

Vigyázz a tempura tésztára – ha a hűtőben ülve jelentősen besűrűsödött, szükség szerint hígítsd még egy kis szódabikarbónával vagy szellőztetővel vagy hideg vízzel.

Öntsön körülbelül ½ hüvelyk olajat egy nagy serpenyőbe, és melegítse nagyon forróra, de nem füstöl. Béleljen ki egy tányért dupla papírtörlővel. Dolgozzon egyesével adagokban (nem akarja összezsúfolni a serpenyőt és csökkenteni az olaj hőmérsékletét), nyomja át a virágokat a tésztán, minden oldalukon bevonva őket, majd cseppentse bele a forró olajba. Az olajsütőt egy-két percig sütjük az első oldalon, és csak egy percig a második oldalon – a bevonat aranybarna legyen. Amikor minden rántott megfőtt, papírtörlőn lecsepegtetjük, és egy kevés fleur de sel-lel ízesítjük. Azonnal tálaljuk, tetszés szerint majonézzel vagy tartárral, koktéllal vagy chili szósszal.

4 ADAGOT készít

SZOLGÁLÓ
Főzés után a lehető leghamarabb tálaljuk őket, akár sima, akár majonézzel, tartármártással vagy akár palackozott koktéllal vagy chili szósszal – nem teljesen francia, de finom.

TÁROLÁS
A tempura tésztát legfeljebb 1 órával korábban elkészítheti, és lefedve hűtőszekrényben tárolhatja.

JÓ ÖTLET
Ricottával töltött cukkini virágok. Helyezzen ¾ csésze ricotta sajtot, 1 nagy tojássárgáját, 1 medvehagymát, finomra vágva, öblítse le és szárítsa meg, és 2 evőkanál apróra vágott vegyes friss fűszernövényeket, például bazsalikomot, mentát és petrezselymet (vagy használjon mindegyikből 2 evőkanálnyit) egy tálba. és erőteljesen habverővel – akarod, hogy a ricotta szép és sima legyen. Sózzuk, borsozzuk jól (gondoljunk bele egy kis cayenne- vagy pirospaprika-pehely hozzáadására), osszuk el a tölteléket a virágok között, és süssük meg az utasítás szerint.

ÚJABB JÓ ÖTLET
Kecskesajt tapenáddal töltött cukkini virágok. Tegyen bele ¾ csésze nagyon puha, szobahőmérsékletű kecskesajtot, 1 nagy tojássárgáját, 1½ evőkanál tapenadet, feketét vagy zöldet (házi,[>], vagy boltban vásárolt), 1 evőkanál apróra vágott friss bazsalikomot és ½ citrom finomra reszelt héját egy tálba, és erőteljesen keverjük össze – a

keveréknek nagyon sima kell lennie. Borssal és csak egy csipet sóval ízesítjük (a tapenade sós), a tölteléket elosztjuk a virágok között, és az utasítás szerint megsütjük.

Szardínia Escabeche

AZÉRT, HOGY ESCABECHE, a pácolt halból – jelen esetben szardíniából –, zöldségekből és ízesítőkből álló ételt nem Franciaországban találták fel, még nem jelenti azt, hogy a franciák nem vették a szívükbe, és nem fogadták el. Meleg időben országszerte népszerű, de Franciaország délnyugati csücskében, az étel szülőföldjének számító spanyol határon bármikor, bárhol megtalálhatod.

Ha látja az escabeche szót, tudja, hogy van benne olívaolaj és egy kis ecet (vagy esetleg bor), mert az ételt eredetileg a halak tartósítására használták. Valójában megtanultam egy leckét az étel gyökereiből, amikor először szolgáltam fel ezt a változatot egy párizsi csoportnak, akik közül az egyik szakács volt. Bocsánatkérően kínáltam az ételt, mert az első próbálkozásomat túl ecetesnek tartottam.

– Mióta áll az escabeche a hűtőben? – kérdezte a szakácsnő. Amikor azt mondtam neki, hogy „tizennyolc óra", tudatosan arra a következtetésre jutott: „Ez a probléma – nyolc napot kell várnia!"

Biztos vagyok benne, hogy igaza van, és biztos vagyok benne, hogy nyolc nap alatt az ecet megpuhította volna a szardíniát, és elég puhává tette volna a sárgarépát a csecsemők számára – és mindezek elvégzése után az ecet elvesztette volna a harapását. De ki várhat nyolc napot? Én biztosan nem! Így változtattam a recepten, a szardíniát az elején kicsit tovább főztem, hogy ne kelljen fél napnál többet várnom a mélyedésig. És mivel csökkentettem az ecet munkáját, így a mennyiségét is csökkenteni tudtam.

Ez az escabeche a modern világ számára, és egy gyors ellenőrzés azt mutatja, hogy nem én vagyok az egyetlen, aki alig várja – így készül az escabeche az egész országban.

KÉSZEN ÁLL: A szardíniát legalább 6 órán át, de még jobb, egy éjszakán át pácolnia kell.

1 csésze extra szűz olívaolaj

Univerzális liszt, mélyítéshez

Só és frissen őrölt fehér bors

12	szuper friss szardínia, filézve, szükség esetén eltávolítva a farkát
1	szál rozmaring
1	szál kakukkfű
2	babérlevél, osztva
4	szárított paradicsom olajba csomagolva, lecsepegtetve és felszeletelve (elhagyható)
1	közepes vöröshagyma, hosszában félbevágva és vékonyra szeletelve
2	sárgarépát apróra vágva, meghámozva és vékonyra szeletelve
2	zellerszár, megvágva és vékonyra szeletelve
4	gerezd fokhagyma, feldaraboljuk, csírázzuk és szeleteljük
2	szárított piros chili vagy ¼ teáskanál pirospaprika pehely
1	egy evőkanál paradicsompürét vagy ketchupot
½	egy teáskanál cukrot
¼	egy teáskanál koriandermag
½	csésze desztillált fehér ecet

Citromszeletek, tálalni

Kenyér, tálaláshoz

Öntsön 2 evőkanál olívaolajat egy nagy serpenyőbe, lehetőleg tapadásmentesen, és melegítse közepes lángon. A kotrólisztet tányérra vagy viaszos papírlapra tesszük, sózzuk, fehérborssal ízesítjük, a szardíniafiléket a lisztbe forgatjuk, a felesleget lerázva. Csúsztassa a szardíniát a forró olajba (ne zsúfolja össze a serpenyőt – ha szükséges, süsse meg a halat adagonként), és süsse mindkét oldalát 2 percig, vagy amíg a liszt enyhén megpirul, és a szardínia éppen át nem sül. Tegyük át a szardíniát egy dupla papírtörlővel bélelt tányérra, és óvatosan itassuk le róla a felesleges olajat. Ismételje meg a maradék szardíniával.

Tegye a szardíniákat átfedésben egy ovális graténtálba, Pyrex pitelapba vagy más peremes tálba. A filére szórjuk a rozmaringot, a kakukkfüvet, a babérlevelet és a szárított paradicsom darabokat (ha használunk).

Törölje ki a serpenyőt, öntsön hozzá további 2 evőkanál olajat, és helyezze a serpenyőt közepesen alacsony lángra. Amikor az olaj felforrósodott, dobjuk bele a hagymát, a sárgarépát, a zellert és a fokhagymát, és kevergetve főzzük körülbelül 10 percig, amíg a zöldségek már majdnem megfőnek, de nem színeződnek el. Adjuk hozzá a maradék ¾ csésze olajat a többi hozzávalóval együtt, 1 teáskanál sót és ízlés szerint fehér borsot, forraljuk fel és főzzük 5 percig.

A forró keveréket a szardíniára öntjük. Ha szükséges, rázzuk össze, hogy a filét olajjal vonjuk be, és a zöldségeket egyenletesen osszuk el a halon, majd fedjük le az edényt műanyag fóliával. Hagyja az escabeche-t szobahőmérsékletűre hűlni, majd tegye hűtőszekrénybe legalább 6 órára, vagy ami még jobb, egy éjszakára.

Hűtve, citromszeletekkel és kenyérrel tálaljuk.

6 ADAGOT készít

SZOLGÁLÓ
Tegye az escabeche-t az asztalra, és készítse elő a citromszeleteket és a kenyeret, hogy a vendégek annyi levet facsarhassanak a halra, amennyit csak akarnak, és a kenyeret felhasználva felszívják a szósz minden cseppjét. Egyáltalán nem hagyományos, de egy kis salátát jó escabeche-vel tálalni. Ha igen, egy csepp escabeche öntettel díszítse a zöldeket.

TÁROLÁS
Szorosan lefedve az escabeche körülbelül 3 napig eláll a hűtőszekrényben.

JÓ ÖTLET
Garnélarák Escabeche. Cserélje ki a szardíniát 1 font hámozott és héjas garnélarákkal. A garnélarákot ne merítse lisztbe; csak gyorsan süsse meg őket kevés olívaolajon, ízesítse sóval, borssal és folytassa a recepttel.

Csirkemáj ecetes hagymával

A FRANCIÁK millió dolgot TUDNAK a máj minden fajtájáról – vannak durvák és rusztikusak, mint a cukrászdákban kapható vastag pástétomok, és vannak elegánsak és egészen szépek, mint azok a kis fejjel lefelé fordított kapuk, a lyoni különlegesség, ahol felszolgálják. leggyakrabban paradicsomszósszal (lásd Bonne Idée). Valójában inkább pudingos, mint sütemény, de az az ötlet, hogy az étkezés elején süssünk tortát, túl ellenállhatatlan. Gyorsan és egyszerűen elkészíthető, ha a csirkemájat tejszínnel, tojással, fűszernövényekkel és egy kis pálinkával turmixgépben összekeverjük. A süteményeket vízfürdőben sütjük, majd gyorsan felöntjük ecetes hagymával (egy kis finomság, amit gyakran találunk a salátáktól a hamburgerekig minden tetején), és kívánság szerint egy maréknyi vegyes saláta zöldjével tálaljuk. így kész

Megjegyzés a hőmérséklettel kapcsolatban: Ezeket a süteményeket a vízfürdőből való kiemelés után azonnal fel kell tálalni, de szerintem enyhén melegen vagy szobahőmérsékleten jók. Sőt, hidegen is jók, ha inkább pástétomra, mint pudingra hasonlítanak.

A HAGYMÁHOZ

5 szemes fekete bors
5 koriander magok
1 szegfű
1 csésze almaecet
⅓ egy csésze vizet
⅓ egy csésze cukrot
1 vöröshagyma, vékonyra szeleteljük és megmossuk

TORTÁKHOZ

½ kiló csirkemáj, erek és minden zsír vagy zöld folt eltávolítva
3 nagy tojások
3 nagy tojássárgája
½ csésze nehéz tejszín
½ egy csésze teljes tej
2 egy teáskanál pálinka, például konyak vagy armagnac
½ egy teáskanál apróra vágott friss kakukkfű
½ egy teáskanál darált friss zsálya

½ egy teáskanál apróra vágott friss rozmaring
1 egy teáskanál sót
¼ egy teáskanál frissen őrölt bors

SZOLGÁLÁSRA (OPCIONÁLIS)

Egy maréknyi vegyes zöldfűszer, fríz vagy spenót, leöblítve és szárítva

Mindennapi vinaigrette ([>])

A HAGYMA ELKÉSZÍTÉSÉHEZ: Tegyél teába borsot, koriandert és szegfűszeget, vagy tekerd be egy kis sajtkendőbe, és kösd össze konyhai zsineggel. A fűszereket, az ecetet, a vizet és a cukrot egy közepes lábasba tesszük, és kevergetve felforraljuk, hogy a cukor feloldódjon. Csökkentse a hőt, hogy a pác csak forrjon, és főzzük 5 percig.

Hozzáadjuk a hagymaszeleteket, és 10 percig pároljuk, majd lekapcsoljuk a tüzet. Hagyja a hagymát a folyadékban szobahőmérsékletre hűlni. Ha azonnal felhasználja őket, ürítse ki őket; ha nem, tedd a hagymát és a folyadékot egy fedővel ellátott üvegbe, és tárold a hűtőszekrényben, amíg szükség van rá. (A hagymát akár egy hétig is eltarthatjuk a hűtőben.)

A TORTÁK ELKÉSZÍTÉSE: Középre helyezze a sütőrácsot, és melegítse elő az eseményt 350 F-ra. Kenjen meg hat darab 6 uncia-s ramekint vagy pudingpoharat. Béleljünk ki egy tepsit dupla papírtörlővel. Tegyen egy kanna forró vizet a tűzhelyre.

Tegye az összes hozzávalót egy turmixgépbe vagy konyhai robotgépbe, és turmixolja simára, körülbelül 2 percig, néhányszor kaparja meg az üveg vagy tál oldalát, hogy minden összekeveredjen. Öntsük a pudingot csészékbe vagy ramekinekbe (kb. háromnegyed részük van), és mindegyiket rázza fel az asztalra, hogy a keverék buborékos legyen. Helyezze a csészéket egy sütőedényre, és csúsztassa a tepsit a sütőrácsra. Öntsön annyi forró vizet a pörkölőbe, hogy felérje a csészék oldalát.

Süssük a süteményeket 30-40 percig, vagy amíg a puding megszilárdul, és már nem omlós; a sütemények közepébe szúrt késnek tisztán kell kijönnie. Óvatosan helyezze át a süteményeket egy hűtőrácsra, és hagyja pihenni körülbelül 10 percig, mielőtt kibontja.

Ha zöldágyon szeretnénk tálalni a süteményeket, dobjuk meg a zöldeket egy kis vinaigrette-tel, és helyezzük el hat tányérra.

A sütemények serpenyőből való kiemeléséhez futtasson egy tompa késsel minden csésze szélét, és fordítsa a tortát egy tányérra, akár salátával, akár nem. A sütemények tetejére hagymát teszünk, vagy félretesszük és tálaljuk.

6 ADAGOT készít

SZOLGÁLÓ
Ha zöldágyon tálaljuk a süteményeket, öntsünk vinaigrettet a salátára, és osszuk el a tányérok között. Minden tányér közepére tegyünk egy tortát, és tegyük rá a pácolt hagymát.

TÁROLÁS
A sütemények megsüthetők, lehűthetők, szorosan letakarva és tálalás előtt egy éjszakán át hűtőszekrényben tárolhatók. Merítse a csészéket forró vízbe, hogy kioldódjon. Alternatív megoldásként lehűthetők, formázatlanok és szilárdra fagyaszthatók egy tepsiben, majd légmentesen záródó edénybe csomagolják, és legfeljebb 2 hónapig a fagyasztóban tárolhatók; tálalás előtt egy éjszakán át a hűtőben kiolvasztjuk.

JÓ ÖTLET
Chicken Liver Gâteaux paradicsomszósszal Lyonnaise. Egy serpenyőben 2 evőkanál olívaolajon 1 apróra vágott hagymát és néhány gerezd apróra vágott fokhagymát feldarabolva és kimagozva puhára főzzük. Adjunk hozzá egy konzerv (kb. 15 uncia) zúzott paradicsomot, 2 szál petrezselymet, 1 szál kakukkfüvet, 1 babérlevelet, valamint egy csipet sót és borsot a serpenyőbe. Forraljuk fel, majd mérsékeljük a hőt, és lassú tűzön főzzük körülbelül 3 percig. Lehetőség szerint válasszunk ki egy babérlevelet és egy szál kakukkfüvet, majd turmixgépben vagy robotgépben pürésítsük a

szószt, és igazítsuk hozzá a fűszereket. Tálaláskor felmelegítjük a szószt. Tegyünk néhány kanál szószt minden tányér közepére, és öntsük rá a meleg gâteau-t. A pácolt hagyma helyett egy kis csokor petrezselyemlevél hozzáadásával fejezhetjük be, és egy csepp olívaolajat rázunk rájuk.

ízlelje meg a belsejét

Sokan azt mondják, hogy mindenféle belsőség szerzett íz. Négy módot tudok elképzelni az íz elsajátítására: 1) Édesanyád szolgálta fel neked, amikor fiatal voltál; 2) farmon nőttél fel; 3) egy kis testrészt a tudta nélkül csúsztattak az edénybe, és – shazam! - tetszett neked; vagy 4) az I-love-innards génnel születtél, ebben az esetben valószínűleg francia vagy, és talán még valamelyik délnyugati régióból, például Auvergneből, ahol egy barátommal meghívtak minket egy ünnepi vacsorára, amelyet a város kamarájában rendeztek meg. a kereskedelem. Én voltam az egyetlen nem francia jelenlévő, és a városatyák örömmel kínálták nekem régiójuk legjavát. Íme a menü, amit kínáltunk.

Aperitif: Gesztenyelikőrrel készült leveles tésztacsúcsok (ez a gesztenye földje)

ELŐÉTEL: válogatott helyi cukrászsütemények, köztük sertéshús, kéksajtos rolád és pâté de tête de veau (ez az összetevő, amelyet soha nem fordítottak le franciául, mert a legtöbb külföldi nem akarja tudni, hogy borjúfejet eszik)

ELSŐ FOGÁS: Töltött káposzta morel-krémmártással - a káposzta savoy volt, a töltelék pedig ris de veau (egy másik összetevő, amelyet általában nem fordítanak le, mert a "csecsemőmirigy" olyan csúnyán hangzik)

FŐÉTEL:Aligot, a burgonya- és sajtpüré, valamint a langue de veau (igen, borjúnyelv) regionális specialitása

SAJT: Cantal (sűrű, gazdag tehéntejes sajt)

DESSZERT: Fagyasztott diós szufla (Auvergne is gazdag dióféLékben)

Körülnéztem az asztalon, miközben tizenegy vacsoratársam jóízűen evett, minden szósz utolsó részét felmosva egy kis kenyérrel, és én is így tettem – és minden falatot élveztem.

El sem tudom képzelni, hogyan kaphattam ezt az ízt. Lehet, hogy ezzel születtem. Talán francia vagyok. Ez ellen persze az a tény vitatja, hogy nem vagyok egy nagy sálkötő. Lehet, hogy a sálgén recesszív vagy félénk.

Káposzta és libamáj kötegek

LEHET Elegáns DINNER PARTY előétel vagy pezsgős esti előétel. Bármennyire is alapvetőek – csak göndör káposztalevelekbe csomagolt és párolt apró libamájdarabok –, ugyanolyan elegánsak: ami az érzékiséget illeti, a meleg, szinte folyékony libamájnak kevés a versenye.

Vásárlási megjegyzés: Vásároljon egész libamájdarabokból készült kis libamáj terrint, ne őrölt vagy apróra vágott libamájból készült habot vagy pástétomot.

12 nagy káposztalevél, lehetőleg Savoy
6 uncia foie gras terrine (lásd fent)

Extra szűz olívaolaj

Fleur de sel

Forraljunk fel egy nagy fazék sós vizet. A káposztaleveleket egyenként ejtse a vízbe, és pár perc alatt addig forralja, amíg rugalmas nem lesz. Amikor a levelek elég hűvösek ahhoz, hogy kezelni lehessen, szárítsa meg őket, és vágja le a középső borda kemény részét.

A libamáj vágásához húzz egy vékony kést forró víz alá, töröld szárazra, és vágd 12 darabra a libamájt. Helyezzen egy darab libamájt minden káposztalevél aljához. Emelje fel minden lap alját a libamájra, csavarja meg, hogy ismét befedje a libamájt, hajtsa össze a lap oldalait, és egészítse ki a köteget úgy, hogy a libamájt a lap végére tekerje.

Helyezze a gőzölőt egy nagy fazék forrásban lévő víz fölé, és tartson kéznél egy tányért, amely néhány réteg papírtörlővel van kibélelve. Közvetlenül a tálalás előtt helyezze a kötegeket varrattal lefelé a párolóba, fedje le az edényt, és párolja 5 percig. Óvatosan helyezzük át a kötegeket egy papírtörlővel bélelt tányérra, és szárítsuk meg.

A csokrokat négy tányérra osztjuk, mindegyiket meglocsoljuk egy kevés olívaolajjal, megszórjuk néhány szem fleur de selvel, és azonnal tálaljuk.

4 ADAGOT készít

SZOLGÁLÓ
Nem kell nekik semmi, csak pezsgő vagy Sauternes.

TÁROLÁS
Néhány órával korábban elkészítheti a kötegeket, és lefedve a hűtőszekrényben tárolhatja. Miután megpároltuk a kötegeket, azonnal tálaljuk, hogy mindenki élvezhesse a megpuhult libamáj kellemes állagát.

Sziklatojások libamájjal

AZ 1900-AS ÉVEK ELEJÉN, amikor írók és művészek elveszett nemzedéke – legendák, mint Hemingway, Fitzgerald, Picasso, sőt néha James Joyce is – látni akarták egymást, értesülni akartak a hírekről vagy hírt akartak adni, gyakran a hatalmas teraszra indultak. a Le Dôme, amely még mindig tartja a lenyűgöző nagy és napos sarkot a párizsi Montparnasse körúton. A rue La Coupole-n, a Le Sélect és a La Rotonde, a Hemingway A Moveable Feast kávézóival szemben található Le Dôme továbbra is a világ minden tájáról érkező utazók célpontja. A legtöbben a kifogástalan halakért jönnek az étterembe, és bár ez is vonz, szívesen beszélgetek M. Jacques Drouot-val, a maître d' Hôtel-lel. Monsieur Jacques, mint ismert, sokoldalú ember: kiváló házigazda, mélytengeri búvár, képzett fotós és szenvedélyes szakács. Számomra a legalkalmasabb időpont a Le Dôme-ba menni szerda este, mivel M. Jacques-nak a keddi szabadnapja volt, és az egész napot főzéssel töltötte, így a szerda a tökéletes alkalom arra, hogy teljes számot kapjak kalandjaimról.

A libamájjal borított tojás receptje M. Jacques rokon nekem egy szerda este. Egyszerre egyszerű és fényűző étel – szerintem a tojás önmagában is luxus, és ha egy adag libamájhabbal vagy pástétomra (és csak egy adag tojásra van szükséged), akkor kiadós. És ha hozzáadunk fekete szarvasgombát, ahogy M. Jacques teszi télen. . .!

Sütőben készítettem ezt a receptet, amíg a szakácskönyvíró és tanár barátom, Patricia Wells meg nem mutatta, hogy a tojás párolóban tökéletesen megsül. A sütőben sütés egyszerű; a gőzhűtés még egyszerűbb.

Bármennyire is elegánsak ezek a tojások, az egyik legegyszerűbb előétel, amelyet vacsorára készíthetsz, mert órákkal korábban elkészítheted. A gőzölőből való kiemelés után azonban azonnal tálalni szeretné, így minden az asztalon van.

1 ¼ kilós szelet libamáj pástétom vagy mousse
4 teljesen friss (lehetőleg puha) nagy vagy extra nagy tojás

Só és frissen őrölt fehér bors

¼ csésze nehéz tejszín
4 szelet fekete szarvasgomba, szeletekre vágva (opcionális)
2 egy teáskanál finomra vágott friss tárkonyt
2 teáskanál finomra vágott friss petrezselymet

Enyhén kivajazzon négy szuflédobozt vagy ramekint (a 4 uncia-s konzervdoboz néz ki a legjobban ehhez az ételhez, de bármelyik 4-6 uncia-os forma megfelel). Állítsa be gőzölőjét – Ha nincs nagy fenekű párolója (ideális a wok fölé állított bambuszpároló), akkor a távtartóval ellátott tésztaedény is használható, akárcsak egy nagy fedeles serpenyő fölé helyezett rács. . Forraljuk fel a vizet a gőzölőben.

A pástétomot vagy a habot négy részre vágjuk, és mindegyik darabot negyedekre vágjuk. A pástétomot elosztjuk a formák között. Minden formába óvatosan beleütünk 1 tojást (a sárgája törött maradjon), sózzuk, fehér borssal ízesítjük, és minden tojásfehérjére kanalazunk 1 evőkanál tejszínt - a tojássárgákat letakarhatjuk, de szerintem jobb, ha csupaszon hagyjuk (ezt is megkönnyíti az elkészültség ellenőrzését). Szerencsés esetben mindegyik tojás tetejére egyenlő mennyiségű szarvasgomba csíkot teszünk, majd megszórjuk tárkonnyal és petrezselyemmel. (Közben elkészítheted a ramekineket, letakarva néhány órára hűtőben tarthatod, főzés előtt szobahőmérsékletre hűtheted.)

Győződjön meg róla, hogy a párolóban forr a víz, majd helyezze a formákat a gőzölőbe, és fedje le az edényt. Pároljuk a tojásokat körülbelül 5 percig, vagy amíg a fehérje átlátszatlan, de a sárgája még folyós lesz. Vegye ki a formákat a serpenyőből, szárítsa meg az alját, tegye mindegyik formát egy tányérra, és azonnal tálalja.

4 ADAGOT készít

SZOLGÁLÓ
Tálalhatod a tojásokat vajas pirítóssal – akár 1 hüvelykes csíkokban, akár apró pöttyökben –, de szerintem a tojás egyenesen tökéletes.

TÁROLÁS
Bár a tojást forrón kell tálalni, néhány órával korábban elkészítheti a

formákat, és jól lefedve tárolhatja a hűtőszekrényben; párolás előtt
melegítsük őket szobahőmérsékletre.

szarvasgomba

Nehéz lenne alábecsülni a franciák hozzáállását a fekete
szarvasgombához, különösen a Tuber melanosporumhoz, a tölgyfák
alól sertések és kutyák által Dél-Franciaországban elüldözött, falusi
piacokon vásárolt és árusított tökös gombához, feltehetően úgy, mint a
drogokat máshol. a világé. világ.

A szarvasgombával megáldott Provence-i Richerenches
városában a szombati piac inkább úgy néz ki, mint egy használtautó-
telep, mint egy olyan hely, ahol néhány óra alatt több tízezer dollárt
váltanak be. A vásárlók parkolnak az utca mentén, miközben bárki, aki
szarvasgombát szeretne eladni, akár hivatásos, akár szerencsés gazda,
autóról autóra sétál a legjobb ajánlatot keresve. Izgalmas és olyan
furcsa, mint amilyennek hangzik, és egyben nagy üzlet is.

Amikor január végén részt vettem egy szarvasgombás misén a
Richerenches katolikus templomban, sejtettem, mekkora üzletről van
szó. Amikor azon a vasárnapon átadták az alamizsnáskosarat, nem
érmék voltak, hanem szarvasgomba, sok volt belőle, és néhány akkora,
mint az öklöm. A szentmise után mindenki a Hôtel de ville
(Városháza) előtt összegyűlt, körbeadták a bort és a szendvicseket, a
szarvasgombát pedig elárverezték, a bevételt – 1 000 000 eurót
meghaladóan – a templom javára fordították.

Még a háztáji szarvasgombás emberek is felismerik, milyen ritkák
és értékesek, és egy osztályba sorolják őket a kaviárral és a homárral,
különleges alkalmakra tartva vagy takarékosan felhasználva, ahol
erőteljes aromájuk – sötét, fás, enyhén pézsmás és nagyon szexi –
megérinti. lehet a legjobban értékelni.

Ha szarvasgombát veszel (lásd: Források[>]) rizses edényben
vagy tojással teli tégelyben tárold készenlétig (pár napon belül fel kell

használni), és kapsz egy bónuszt: a rizs vagy a tojás átveszi az ízét és az aromáját. a szarvasgomba.

A fekete szarvasgomba ízét és aromáját fokozza a hő, de a túl sok hő tönkreteheti őket, ezért a legjobb, ha a szarvasgombát közvetlenül főzés előtt vagy tálaláskor szeleteljük vagy borotváljuk. Ha csak néhány darab szarvasgomba, akár apró forgács is van, puha vajat készíthet belőle, és remek feltét burgonyapüréhez, steakhez vagy pirítóshoz.

CSIRKE ÉS KACSA

Csirke és kacsa

CSIRKE
Rántott csirke Les Paresseux számára[>]
Siess, és várd meg a sült csirkét[>]
Armagnac csirke, M. Jacques[>]
Csirke fazékban: fokhagymás és citromos változat[>]
Basquaise csirke[>]
Tagine csirke édesburgonyával és szilvával[>]
Csirke kuszkusz[>]
A csirkemell diable[>]
Csirke, alma és tejszín à la Normande[>]
Fahéjas-Crunch csirke[>]
Curry csirke, paprika és borsó en Papillote[>]
Csirke B'még[>]
Oliva-olíva Cornish tyúk[>]
Kolbásszal töltött cornwalli tyúkok[>]

KACSA

Húszperces mézes-mázas kacsamell[>]
Kacsamell friss őszibarackkal[>]
Serpenyőben sült kacsamell kumquattal[>]

Rántott csirke Les Paresseux számára

*LES PARESSEUX*VANNAK LUSTA EMBEREK, és ez a recept tökéletes nekik – és nekünk is –, mert ha egyszer beteszed a csirkét a sütőbe, csak ki kell húznod, amikor az időzítő körülbelül kilencven percig zümmög. a későbbiekben. A csirkét önmagában is megsütheti, de ha van fokhagymát és hagymát, fűszernövényeket és néhány zöldséget a kukában, az edénybe téve csak finomabbá teheti a vacsorát.

Mivel a csirke egy helyen marad – nem kell forgatni vagy verni –, meg tudod csinálni, amit én kenyértrükknek tartok. Mielőtt a csirkét az edénybe tenné, egy szelet kenyeret (vagy két szelet bagettet) tesz az edény közepére, majd egy madarat tesz a tetejére. Ahogy sül a csirke, a kenyérből kifolyik a leve, és egy idő után ropogós lesz, és olyan finom csemege lesz, hogy még a legbőkezűbb ember sem akarja megosztani – megengedem, hogy magamban tartsam (én) . Ha egy jó dolgot még jobbá akarsz tenni, szúrd a májat a madár üregébe, és ha megsült, pépesítsd, és kend egy szaftos kenyérszeletre, csepegtess rá a fazék zsírjából és szórd meg a tetejére. . só.

Még egy dolog: a csirkét holland sütőben sütik, így nincs fröccsenés, áldás a lustáknak és az energikusoknak egyaránt.

Olivaolaj

1 vastag szelet kenyér vagy 2 szelet bagett

1 csirke, 4½-5 font, lehetőleg bio (tartsd meg a májat, ha a csirkéhez kerül), szobahőmérsékleten

Só és frissen őrölt bors

2 egy-egy ág rozmaring, kakukkfű és oregánó
1 fokhagyma fej, vízszintesen félbevágva, hámozatlanul

Körülbelül ⅔ csésze száraz fehérbor vagy víz (opcionális)

4 bababurgonya, meghámozva és negyedelve (elhagyható)
2 sárgarépa, vágva, meghámozva és vastagon szeletelve (opcionális)

4 medvehagyma, egészben hagyva vagy 1 hagyma, negyedelve (elhagyható)

Állítsa középre a sütőrácsot, és melegítse elő a sütőt 450 F-ra.

Egy holland sütő vagy más nagy, magas oldalas rakott edény belsejét kenjük be olajjal, és helyezzük a kenyeret az edény közepére. A csirkemellet kívül-belül sózzuk, borsozzuk. Adja hozzá a májat, ha van, a csirkéhez, és dobjon bele egy-egy fél szál fűszernövényt és a fokhagyma felét. Tegye a csirkét az edénybe, helyezze a kenyérre. A fokhagyma másik felét tegyük az edénybe a többi fűszernövényekkel együtt, és öntsünk hozzá néhány evőkanál olajat és bort vagy vizet, ha használunk. Csúsztassa az edényt a sütőbe.

Ha zöldségeket szeretne sütni a csirkével, várja meg, amíg a csirke megsül 45 percig. Ezután a burgonyát, a sárgarépát és a medvehagymát annyi olívaolajjal megforgatjuk, hogy fényes legyen, sózzuk, borsozzuk, és a csirkére szórjuk. Süssük a csirkét zavartalanul még körülbelül 45 percig – összesen körülbelül 90 percig – vagy amíg a bőre megreped és ropogós lesz, és a leve ki nem folyik, ha a kés hegyét átszúrja a comb legvastagabb részén. Vegye ki a csirkét a sütőből.

Ha nagyon lustának érzi magát, tálalás előtt 5-10 percig pihentetheti a csirkét az edényben. Ha van még egy kis időnk kelni, tegyünk egy gabonatálat egy nagy tál egyik végére, és tegyük rá a csirkét a mellével lefelé, hogy a leve visszajusson a mellhúsba. Tálalás előtt 5-10 percig állni hagyjuk a fóliasátor alatt úgy, hogy a farka a tálon feküdjön és felfelé mutasson.

Ha egy kis serpenyős szószt akarunk – és csak egy keveset kapunk – kanalazzuk a zöldségeket, ha van, egy tálba, vegyük ki a kenyeret, és távolítsuk el a fazékból annyi zsírt, amennyit csak tudunk. . Tegye az edényt nagy lángra, és amikor a folyadék felforr, öntsön hozzá körülbelül ½ csésze bort vagy vizet, és forralja fel, és kaparja fel az edény aljára tapadt csomókat. Vegyük le a tűzről.

Vágja ki a csirkét, és tálalja a szósszal, ha elkészítette.

4 ADAGOT készít

SZOLGÁLÓ
Miután megragadta a lében áztatott kenyeret és a csirkemájat, faragja ki a csirkét, és tálalja serpenyős mártással és sült zöldségekkel, ha elkészítette. Ha most sütötted a csirkét, bármilyen zöld zöldséggel vagy egyszerű salátával tálalhatod.

TÁROLÁS
A maradék csirkét letakarva 3-4 napra hűtőbe tesszük.

ROAST CHICKEN FOR
LES PARESSEUX (PAGE 300)

megmosni a csirkét vagy sem?

Évekkel ezelőtt vacsorát főztem Jacques Pépinnek a házunkban, a közelében, Connecticutban. Amikor Jacques megérkezett, a konyhában fürdettem a csirkét, amelyet vacsorázni vacsoráztunk, és ügyeltem arra, hogy az egészet kiöblítsem, belülről, kívülről és a szárnyak mögött. "Mit csinálsz?" – kiáltott fel elég hangosan a rendesen halk szavú szakács.

"A csirke mosása. Nem mosod meg a csirkét?" Megkérdeztem.

Válasza lakonikus volt: "A Bresse csirkét nem kell mosni."

Azt kellene hinnem, hogy nem. A Bresse-i csirke – A Bresse egy csirkefajta, és szülővárosa (Jacques szülőhelye közelében) – a francia nemzeti kincs. Nemcsak piros (koronája), fehér (test) és kék (lábak), hanem olyan szigorú szabványok szerint van felállítva, hogy mindegyiket számmal jelölik (és nagyon magas áron). De a csirkém éppen a helyi hentestől jött, és nem volt ilyen törzskönyve.

Mégis, miért mostam ki? Anyám nem mosta meg a csirkét. Soha nem láttam még francia szakácsot madarat nyúzni, legyen az Bresse-ből vagy szupermarketből. Amit tettem? Követtem az akkori élelmiszerbiztonsági tanácsokat.

Most ez a tanács megváltozott. Napjainkban a hagyományos bölcsesség szerint a csirkét nem szabad leöblíteni főzés előtt, mert ugyanazok a baktériumok, amelyeket megpróbálunk lemosni, keresztszennyezik a vele érintkező eszközöket és bármit, ami a mosóvízbe fröccsen. a folyamat. És emellett minden, amit megpróbálunk lemosni, elkészül, miután a madár megsült.

Így most, ha a csirkék nem is Bresse-ből származnak, ugyanúgy bánhatunk velük.

Siess, és várd meg a sült csirkét

FRANCIAORSZÁG, A MEZŐCSIRKE FÖLDJE (a csirkét gyakran fajtánként vásárolják a piacon), a sült csirke kedvelt főétel - a leghagyományosabb vasárnapi ebéd. Pedig az ország kis titka az, hogy a házi szakácsok sokszor nem maguk főzik meg a madarakat: melegen veszik a hentesboltból, és kis krumplival is jönnek, amit a csirke alatt, csepegtetőtálcán főznek. Azonban soha nem találkoztam olyan francia szakácsal, aki ne tudott volna csirkét sütni; Egyszerűen nem találkoztam még senkivel, akit lenyűgözött a képessége.

És amikor egy séf Franciaország egyik legnagyobb séfjének, Joël Robuchonnak a példáját követi, mint én, akkor nincs szükség hozzáértésre. A séf azt javasolja, hogy sütés közben fordítsa meg a csirkét, majd hagyja a fején pihenni, hogy a leve visszajusson a mellbe, amely a leggyorsabban fő és általában a legszárazabb. Az egyszerű módszer - kivéve azt a részt, amikor meg kell fordítani a madarat (én szilikon kesztyűt használok) - rendkívül nedves csirkét hoz létre.

A rohanás része az a magas hőmérséklet, amelyen a csirke megsül; a várakozási idő egy pihenőidő, körülbelül 15 perc, amely alatt a madár áll. Bármit is tesz, ne hagyja ki a várakozást – lédús lesz tőle a mell.

Ha fűszernövényeket vagy sült zöldségeket szeretne hozzáadni a madárhoz, nézze meg a Bonne Idée néhány tippjét.

	Körülbelül 2 evőkanál vaj (sózott vagy sózatlan), szobahőmérsékleten, 2 evőkanál olívaolaj vagy keverék, plusz (opcionális) 1 evőkanál hideg vaj a szósz elkészítésekor
1	csirke, körülbelül 4 font, lehetőleg bio, szobahőmérsékleten
	Só és frissen őrölt bors
¾-1	egy csésze víz vagy víz és száraz fehérbor keveréke

Helyezzen egy rácsot a sütő közepére, és melegítse elő a sütőt 450 F-ra. Válasszon megfelelő serpenyőt - fém serpenyőt, öntöttvas serpenyőt vagy holland sütőt -, ami fontos, hogy erős legyen, és hacsak nem süti a sütőt. zöldségek a csirkével, nem túl nagyok. A serpenyő alját és oldalát vékonyan kenjük ki vajjal és/vagy olajjal.

Kösd össze a csirkecombokat, hajtsd vissza a szárnyakat, majd kend át a maradék vajjal és/vagy olajjal a csirkét. Ízesítsük a csirkét sóval, borssal.

Helyezzük a csirkét az oldalára a serpenyőbe, és süssük zavartalanul 25 percig. Fordítsa meg a madarat: Ha van szilikon kesztyűje vagy szilikon edényfogója, fogja meg őket a munkához; ha nem, használjon két fakanalat vagy egy pár palacsintaforgatót. Hagyja a csirkét a sütőben további 25 percig. Utolsó megfordításához fordítsa meg, és süsse a mellével felfelé további 10 percig, vagy amíg a héja aranybarnára nem válik, és a leve kiürül, amikor egy kés hegyével átszúrja a comb legvastagabb részét.

Amíg a csirke sül a sütőben, készülj fel pihenni a fejed felett: készíts egy tálat vagy peremes edényt, amiben kényelmesen elfér a madár, és egy kis tálat.

Húzza ki a serpenyőt a sütőből, és helyezze a csirkét a mellével lefelé egy tálra. Emelje fel a csirke farkát a levegőbe, csúsztassa alá a tálat, és egyensúlyozza ki a madarat úgy, hogy ferdén álljon. A csirkét lazán fedjük le alufóliával, és hagyjuk állni 10-20 percig, hogy a leve megülepedjen a mellben.

Ha egy kis mártást szeretnénk készíteni, kanalazzuk le a serpenyőben lévő folyadékról a zsírt, helyezzük a serpenyőt közepes lángra, és adjunk hozzá vizet vagy vizet és bort, kaparjuk fel az edény aljára tapadt szilárd anyagokat. Pár percig forraljuk a szószt, kóstoljuk meg, sózzuk, borsozzuk. Ha szükséges, egy evőkanál hideg vajat vágjunk darabokra, és kapcsoljuk le a tűzről a szószba.

Vágja ki a csirkét, és tálalja a szósszal, ha elkészítette.

4 ADAGOT készít

SZOLGÁLÓ
Ha ezt a csirkét megette Franciaországban vasárnap délután, akkor lázadás veszélye fenyegeti, ha nem sült burgonyával tálalja (lásd

Bonne Idée), de ha egy másik országban vagy, vagy más nap van, bátran tegyük a tetejére bármilyen zöldséggel, vagy akár csak vegyes zöldsalátával, lehetőleg valamilyen karakterrel.

TÁROLÁS
Szobahőmérsékletre hűtve és jól becsomagolva remek szendvicsek, saláták vagy másnapi harapnivalók készíthetők a csirkéből.

JÓ ÖTLET
Sokféleképpen lehet játszani a sült csirkével. Kezdetnek érdemes beletenni egy kis csokor friss fűszernövényt és néhány szelet citromot vagy narancsot (néhány gerezd fokhagymát is tartalmaz) sütés előtt; dolgozzon fel egy kevés gyógynövény vajat a bőr alá, nyomja meg a puha vajat úgy, hogy az ellepje a mell és a comb húsos részét; és/vagy körbevenni a csirkét néhány zöldséggel. Ha zöldségeket ad a serpenyőbe, akkor a legjobb, ha kicsiben hagyja őket, és felszeleteljük, hogy nagyjából egyforma méretűek legyenek. Szeretek kis burgonyát (vagy apróra vágott burgonyát), sárgarépaszeleteket, apró hagymát, gombát rakni. Olívaolajba dobom, hogy csillogjanak, ízesítem sóval, frissen őrölt borssal, és gyakran keverek bele friss fűszernövények ágait.

Armagnac csirke, M. Jacques

EZT A RECEPTET, az UNE PETITE MERVEILLE-t (egy kis csoda), ahogy a franciák mondanák, évekkel ezelőtt Jacques Drouot-tól, a híres párizsi söröző, a Le Dôme házigazdájától és egy ihletett házi szakácstól kaptam. Azóta is rendszeresen csinálom. Egyike azoknak a figyelemre méltó ételeknek, amelyek megnyugtatóak, de összetettebbek, mint azt várná (illetve az alapvető összetevők és a még egyszerűbb főzési mód miatt joga van állítani).

Íme a recept a legegyszerűbb formájában: a csirkét és néhány hagymát, sárgarépát és burgonyát egy vastag rakott edénybe tesszük, hozzáadjuk az armagnac-ot, lefedjük és magas hőmérsékleten körülbelül 60 percig sütjük. (Egy karácsonykor, miután bevittem a madarat a sütőbe, ebédszünetben sétáltam egyet a barátaimmal.) Ha kész, kihúzod az edényt a sütőből, felemeled a fedőt, és megcsodálod, milyen aranysárga és gyönyörű a csirke.., keverj fel egy kis vizet, és vonulj be az ebédlőbe. Persze, amikor odaérsz, kellemesen szédülsz – a büszkeség és a mélyen aromás szósz kombinációja erre képes –, de szívesen tálalod a csirkét puhára sült zöldségekkel és szósszal. Ó, az a szósz: csak egy kicsit édes, és tényleg elég összetett – persze van csirke- és zöldséglevek, de ez a lágy armagnac, az aszalt szilva íze annyira izgalmas. Az a tény, hogy a serpenyőben lévő levek vízzel való összekeverésével készült, csak az egyik előnye ennek az ételnek.

- 1 egy evőkanál olívaolaj vagy növényi olaj
- 8 kis vékony héjú burgonya, meghámozva és hosszában félbevágva
- 3 közepes vöröshagyma, félbevágva és vékonyra szeletelve
- 2 sárgarépát vágva, meghámozva és átlósan vastagon felszeletelve

    Só és frissen őrölt fehér bors

- 1 szál kakukkfű
- 1 szál rozmaring
- 1 babérlevél
    Csirke, körülbelül 3½ kilós, lehetőleg bio, rácsos (vagy a
- 1 szárnyakat lehajtva és a lábakat konyhai zsineggel összekötve), szobahőmérsékleten
- ½ egy csésze armagnac (konyak vagy más pálinka)

1   egy csésze vizet

Helyezzen egy rácsot a sütő közepére, és melegítse elő a sütőt 450 F-ra. Szüksége lesz egy erős, szorosan záródó fedővel ellátott rakott edényre, amely elég nagy ahhoz, hogy szorosan tartsa a csirkét, de még hagyjon helyet a zöldségeknek. (Én zománcozott öntöttvas holland sütőt használok.)

A serpenyőt közepes lángra tesszük, és beleöntjük az olajat. Amikor meleg, dobd bele a zöldségeket, és párold az olajon egy-két percig, amíg fényes nem lesz; sóval és fehér borssal ízesítjük. Keverje hozzá a fűszernövényeket, és toljon mindent az edény oldalára, hogy helyet adjon a csirkének. A csirkét bedörzsöljük sóval és fehér borssal, beletesszük az edénybe, és ráöntjük az Armagnac-ot. Hagyja az edényt a tűzön egy percig, hogy az armagnac felmelegedjen, majd fedje le szorosan - ha a fedője remeg, fedje le az edényt egy darab alufóliával, és tegye vissza a fedőt.

Tolja be a tepsit a sütőbe, és hagyja, hogy a csatorna zavartalanul süljön 60 percig.

Tegye az edényt a tűzhelyre, és óvatosan távolítsa el a fedőt és a fóliát, ha használta - ügyeljen arra, hogy a fedőt távolabb nyissa ki, mert sok gőz lesz. Miután megcsodáltuk a gyönyörűen megpirult csirkét, nagyon óvatosan emeljük meleg tálra, vagy ami még jobb, egy tálba; lazán fedjük le fóliasátorral.

Távolítson el minden zsírt, amely a főzőfolyadék tetejére került egy kanállal, és dobja ki; szedd ki a babérlevelet és dobd el azt is. Vegyük közepesre a hőt, óvatosan keverjük össze a zöldségeket, hogy eltávolítsuk az edény aljára tapadt anyagokat, majd adjuk hozzá a vizet, és keverjük össze, hogy a serpenyőben lévő levével elegyedjen. Pároljuk körülbelül 5 percig, vagy amíg a szósz besűrűsödik, majd sózzuk és borsozzuk.

A csirkét felszeleteljük, és zöldségekkel és szósszal tálaljuk.

4 ADAGOT készít

SZOLGÁLÓ
A csirkét egészben, zöldségekkel körülvéve az asztalra viheted, és

nyilvánosan megfaraghatod, vagy megteheted azt, amit én csinálok, vagyis felnegyedelem a csirkét a konyhában, majd elválaszthatod a szárnyakat a melltől és a combokat a lábaktól. . A darabokat egy nagy, sekély tálba teszem, a közepébe kanalazom a zöldségeket, mindent megnedvesítek egy kis szósszal, majd a maradék elixírt egy serpenyőbe öntöm, hogy az asztalnál elférjen.

TÁROLÁS
Nem tudom elképzelni, hogy maradjon belőle, de ha igen, felmelegítheti a csirkét és a zöldségeket lefedve a mikrohullámú sütőben – csak ügyeljen arra, hogy legyen benne szósz, hogy semmi se száradjon ki.

JÓ ÖTLET
Az armagnac és a szilva klasszikus kombináció Franciaországban. Aki szereti, a fűszernövényekkel együtt 8-12 kimagozott vagy kimagozott szilvát is dobhat az edénybe. Ha a szilva követlen és puha, akkor a főzés során kissé megolvadhat, de édes és kedves kiegészítője a keveréknek.

Drágám

A konyakhoz, a whiskyhez és a bourbonhoz hasonlóan az armagnac is desztillált (magas alkoholtartalmú) szeszesital. Háromféle fehér szőlőből – Folle Blanche, Ugni Blanc és Colombard – készül, és tölgyfahordókban érlelik Gascogne-ban, Franciaország délnyugati régiójában, amelyet leginkább a Három Muskétás hazájaként ismernek. Leggyakrabban a konyakhoz hasonlóan vacsora után fogyasztják emésztést segítőként.

Az armagnac remek párlat főzéshez, és egy jó korty a gazdag desszertekhez, különösen a Coupétade-hez ([>]). Az armagnac nem olcsó (a palackok 30 dollártól jóval több mint 100 dollárig terjednek), de ha függőlegesen (soha az oldalán) tárolják, fénytől és hőtől távol, akkor szinte örökké eláll, még felbontás után is.

A legtöbb receptben az Armagnac helyettesíthető konyakkal vagy pálinkával. A szeszes italok nem ugyanazok, de mindegyik karaktert ad egy ételnek.

Csirke fazékban: fokhagymás és citromos változat

NEM EMLÉKEZEM PONTOSAN, AMIKOR készítettem először egy rakott csirkét, amely szorosabban volt lezárva, mint az ősi piramisok, de emlékszem, hogy Chicken 40 fokhagymagerezdnek hívták, és a recept Richard Olney méltán klasszikus szakácskönyvéből származik. Egyszerű francia étel. Ennek a hagyományos ételnek az ő változatában a csirkét darabokra vágják, és egy rakott edénybe helyezik négy fej fokhagymával, gerezdekre vágva, de nem hámozva; szárított gyógynövények; egy csomó garni; és egy kis olívaolajat. Mindent megforgatunk, amíg minden össze nem keveredik, a tepsit lisztes-vizes masszával szorosan lezárjuk, és az egészet becsúsztatjuk a sütőbe addig sütni, amíg a csirke elkészül, a fokhagyma pedig átsül, kellően édes, puhára. kenyérre kenjük. Az egyszerűség remekműve, és ha a tömítés megrepedt az asztalon,

Olney receptje volt az első – nem is – sok-sok csirke a fazékban, amit készítettem. Csirkéket főztem egészben és darabokra vágva, a kerttel tele zöldségekkel és csak fokhagymával, csípős fűszerekkel és illatos fűszernövényekkel, borral és anélkül, és tésztacsipkével és anélkül (jobb). Sütöttem csirkét nehéz holland sütőben (a kedvencem), foltos zománcos pörkölőben (nem a legjobb) és agyagkemencében (a második kedvencem; ha agyagos sütőt használsz, hagyd ki a tésztazárót – az agyag túl törékeny). És minden évszakban megfőztem – nyáron is ugyanolyan jó, mint télen.

Ezt, az én fokhagymás és citromos feldolgozásomat Antoine Westermann, egy Michelin háromcsillagos étterem és párizsi bisztró étterem ihlette Elzászban. Az a tény, hogy a marokkói tartósított citrom felhasználásában nincs semmi elzászi, és az édesburgonya hozzáadásával semmi különösebb francia, még szórakoztatóbbá teszi az ételt.

½   tartósított citrom (lásd a forrásokat[>]), öblítse le jól
1   egy csésze vizet
¼   egy csésze cukrot

5	evőkanál extra szűz olívaolaj
2	nagy édesburgonya, meghámozva és 8 egyforma nagyságú darabra vágva (ha kívánod, használhatsz fehér burgonyát is)
16	kis fehér hagyma, sárgahagyma vagy medvehagyma
8	vágott, hámozott és negyedekre vágott sárgarépát
4	zellerszár, megtisztítva, meghámozva és negyedelve
4	fokhagyma fejek, gerezdek szétválasztva, de nem hámozva

Só és frissen őrölt bors

3	kakukkfű ágak
3	petrezselyem ágak
2	rozmaring ágak
1	csirke, körülbelül 4 kiló, lehetőleg bio, egészben vagy 8 darabra vágva, szobahőmérsékleten
1	egy csésze csirkehúsleves
½	egy csésze száraz fehérbor

Körülbelül 1½ csésze univerzális liszt

Körülbelül ¾ csésze forró víz

Állítsa középre a sütőrácsot, és melegítse elő a sütőt 450 F-ra.

A konzerv citrom héját egy késsel levágjuk, és kis négyzetekre vágjuk; dobja ki a pépet. A vizet és a cukrot egy kis lábasban felforraljuk, hozzáadjuk a tejszínt és 1 percig forraljuk. lecsepegtetjük és félretesszük.

Egy nagy serpenyőben nagy lángon hevíts fel 2 evőkanál olívaolajat. Hozzáadjuk a zöldségeket és a fokhagymát, sózzuk, borsozzuk, és addig sütjük, amíg a zöldségek minden oldala megpirul. (Ha szükséges, tegye ezt két adagban.) Kanalazza a zöldségeket egy 4½-5 literes holland sütőbe vagy más fedős edénybe, és keverje hozzá a fűszernövényeket és a tartósított citromot.

Tedd vissza a serpenyőt a tűzre, adj hozzá még egy evőkanál olajat, és pirítsd meg a csirkét minden oldaláról, sütés közben ízesítsd sóval és borssal. Helyezze a csirkét a rakott edénybe, körbeveszi a zöldségekkel. Keverjük össze az alaplevet, a bort és a maradék olívaolajat, majd öntsük a csirkehúsra és a zöldségekre.

Tegyünk 1½ csésze lisztet egy közepes tálba, és öntsünk hozzá annyi forró vizet, hogy képlékeny tésztát kapjunk. A munkafelületet megszórjuk egy kevés liszttel, kinyújtjuk a tésztát, és kézzel dolgozgatva sodorjuk a tésztából kolbászt. Helyezzük a tésztát az edény szélére – ha eltörik, csak daraboljuk össze – és nyomjuk rá a fedőt a tésztára, hogy az edényt lezárjuk.

Csúsztassa az edényt a sütőbe, és süsse 55 percig.

Most választhat – feltörheti a pecsétet a konyhában, vagy megteheti az asztalnál, ahol minden bizonnyal rendetlen lesz, de ahol mindenki élvezheti az első illatos leheletet, amikor virágba borul a fedő. . Akár az asztalnál, akár a konyhában, a legjobb eszköz a tömítés feltörésére a legkevésbé vonzó – a csavarhúzó. Egy csavarhúzó hegyével válassza le a fedőt a tésztától.

Attól függően, hogy a csirkét egészben vagy feldarabolták-e, előfordulhat, hogy faragni kell a konyhában, de végül meg kell győződni arról, hogy a zöldségek és a finom húsleves a csirkével együtt kerül az asztalra.

4 ADAGOT készít

SZOLGÁLÓ
Miután a csirkét feldaraboltuk, egyszerűen tálalhatjuk a zöldségekkel együtt az edényből. Ha a csirke egész, negyedelheti, és a darabokat visszateheti az edénybe, vagy egy tálra helyezheti a csirkét és a zöldségeket. Mindenesetre nem kell mást tálalni, mint vidéki kenyeret, ami két dologra jó: hámozott édes fokhagymával megkenve és főzőlébe mártva. Az egyik ok, amiért szeretek edényt az asztalra vinni, az az, hogy könnyű öntözni.

TÁROLÁS
Ha marad csirke, zöldség és alaplé (amit mi "papunak" hívunk a házunkban), finoman felmelegítheti őket egy dupla bojler tetején vagy a mikrohullámú sütőben.

JÓ ÖTLET
Ha bolti pizzatésztát használ az edény lezárására, időt és takarítást takaríthat meg. Ha pizzatésztát használunk, az megkel az edény körül.

tartósított citrom

A Franciaországban citromkonfitként ismert tartósított citrom marokkói és közel-keleti különlegesség, amelyet úgy készítenek, hogy a citromot mély hasítékokra vágják, és legalább három hétig sóval és saját levükkel temetik el. Az eredmény egy pácolt vagy pácolt citrom, amelyet a héja miatt értékelnek (gyakran a pép nélkül), amely puha, csípős, és igen, sós ízű.

A tartósított citrom jól passzol csirkéhez és húsos halakhoz, például tonhalhoz és kardhalhoz; keserű zölddel, sőt céklával is csodásak.

Basquaise csirke

AKKOR VALÓMIKOR LÁTASZ az étlapon az EGÉSZ BASQUAISE-t, vagy "baszk stílust", egészen biztos lehet benne, hogy az ételben lesz egy ragu piros- és zöldpaprikából, hagymából, paradicsomból, és a jellegzetesen a régióból származó meleget. híres Chile, piment d'Espelette. Pipérade néven a mélange a rizs mellett jelenik meg (gondoljunk a "spanyol rizsre"), rántottával (ha az elkészült paprikás és tojásos ételt piperade-nek is nevezik) és pörköltalappal keverve. közé tartozik a tonhal, a baszk partok nagyra becsült fogása, vagy, mint itt, a csirke. Más szóval, egy fazék pipérádéval néhány étkezésre mix-and-match-t játszhatsz, amit az első francia baszkföldi utazásom óta csinálok.

Átvettem azt a baszk szokást, hogy a szokásos borsdaráló helyett egy kis tál piment d'Espelette-et teszek az asztalra. Az enyhén fűszeres pirospaprika nevét Espelette faluról kapta, ahol a frissen szedett chilit fonatba kötik, és fehérre meszelt házak falára akasztják száradni, mielőtt őrölnék. A Piment d'Espelette kapható szaküzletekben és online is, és bárhol is vásárolja, még az Espelette-ben is drága – szerencsére egy csipetnyi ízt is tartalmaz. Ha nincs piment d'Espelette, ne hagyja, hogy ez akadályozza meg a piperat elkészítését; használj helyette Anaheim chili port (vagy akár hagyományos chiliport).

A paprika hámozása nélkül is elkészítheti a piperádet; de éréskor a héjak elválik a hústól. Ha nem bánja a lebegő bőrt, hagyja ki a hámlasztást (én). Ha szívesebben hámozzuk a paprikát, akkor van egy-két lehetőségünk: használhatunk egy fogazott forgó pengével ellátott zöldséghámozót a héjak eltávolítására, vagy addig süthetjük a paprikát, amíg a héját könnyű leszedni, de nem. amíg a pép megpuhul. Ennek leggyorsabb és legegyszerűbb módja, ha gáz- vagy elektromos égőn megszenesítjük a paprikát. Amint a bőr felmelegszik és annyira felhólyagosodik, hogy el tudja távolítani, már úton van.

A PIPA KALÓZÉRT

2 egy nagy spanyol vagy Vidalia hagyma
3 evőkanál olívaolaj

4	zöld kaliforniai paprika, kívánság szerint meghámozva
2	hámozott pirospaprika, ha szükséges
3	enyhe chili (vagy más pirospaprika)
6	paradicsom, meghámozva és darabokra vágva
2-4	gerezd fokhagyma (ízlés szerint), félbevágva, a csírákat eltávolítva és apróra vágva
2	teáskanál tengeri só vagy több ízlés szerint
	Egy csipet cukor
2	kakukkfű ágak
1	babérlevél
¼-½	teáskanál piment d'Espelette (lásd a címet és a forrásokat[>]), Anaheim vagy más tiszta chilipor vagy chilipor
	Frissen őrölt bors

A CSIRKEÉRT

1	csirke, körülbelül 4 kiló, lehetőleg bio, 8 darabra vágva vagy 8 csirkecomb, szobahőmérsékletű
2	evőkanál olívaolaj
	Só és frissen őrölt bors
¾	egy csésze száraz fehérbor
	Fehér rizs, tálalni
	Apróra vágott friss bazsalikom és/vagy koriander a díszítéshez (elhagyható)

A PIPERÁT ELŐKÉSZÍTÉSÉHEZ: Vágja félbe a hagymát felülről lefelé. Helyezze az egyes darabokat lapos oldalukkal lefelé, és vágja ketté újra fentről lefelé, a gyökérvégnél megállva; a hagymát mindegyik felét keresztben vékony szeletekre vágjuk.

Helyezzen közepes lángra egy holland sütőt vagy egy nagy, magas oldalú, fedős serpenyőt, és öntsön bele 2 evőkanál olajat. Egy percig hevítsük az olajat, majd dobjuk bele a hagymát, és kevergetve főzzük 10 percig, vagy amíg megpuhul, de nem színeződik.

Közben a paprikát és a chilit kettévágjuk, a tetejüket levágjuk, a magházukat eltávolítjuk és a magokat eltávolítjuk. Vágja a paprikát hosszában körülbelül fél hüvelyk széles csíkokra. A chilit vékonyan felszeleteljük.

Adjuk hozzá a maradék evőkanál olajat az edényhez, keverjük hozzá a paprikát és a chilit, fedjük le, és mérsékeljük a lángot közepesen alacsonyra. Főzzük és keverjük további 20 percig, vagy amíg az összes zöldség egészen megpuhul.

Adjuk hozzá a paradicsomot, a fokhagymát, a sót, a cukrot, a kakukkfüvet, a babérlevelet, a piment d'Espelette-t vagy a chiliport és ízlés szerint frissen őrölt borsot, keverjük jól össze, fedjük le és főzzük további 10 percig. Vegyük le a fedőt, és hagyjuk a pipát további 15 percig párolni. Megfelelő mennyiségű folyadék van az edényben, és ez jó. Távolítsa el a kakukkfüvet és a babérlevelet. Kóstolja meg, és adjon hozzá még sót, borsot vagy piment d'Espelette-et, ha úgy gondolja, hogy szüksége van rá.

Ha pepperoni-t és tojást szeretne készíteni (lásd Bonne Idée), kanalazzon 2 csésze paprika keveréket egy tálba. Adjunk hozzá egy kis főzőfolyadékot egy kanállal, és hűtsük le, amíg szükséges. (Az egész piperae-t légmentesen becsomagolhatja, és hűtőszekrényben tárolhatja akár 4 napig is.)

A CSIRKE ELKÉSZÍTÉSÉHEZ:A csirkedarabokat szárítsa meg. Melegítsd fel az olajat egy holland sütőben vagy más erős rakott edényben közepesen magas hőfokon. Adjunk hozzá néhány csirkedarabot, bőrös felével lefelé (ne zsúfoljuk össze a csirkét – tegyük adagonként), és főzzük, amíg a bőr aranybarna nem lesz, körülbelül 5 percig. A darabokat megfordítjuk, és további 3 percig főzzük. A darabokat egy tálba tesszük, sózzuk, borsozzuk, és addig folytatjuk, amíg a csirke megpirul.

Öntse ki az olajat, helyezze az edényt nagy lángra, öntse fel a bort, és fakanállal kaparja fel az esetlegesen az aljára tapadt darabokat. Hagyja a bort buborékolni, amíg kb. 2 evőkanálra nem fő. Tegyük vissza a csirkét az edénybe, öntsük a felgyülemlett levet a tálba, és kanalazzuk bele a paprikát. Forraljuk fel a keveréket, majd vegyük le a lángot egy lassú tűzre, fedjük le az edényt, és lassú tűzön pároljuk 40 percig, vagy amíg a csirke megpuhul. Sóval, borssal ízesítjük, és szükség szerint fűszerezzük.

Tálaljuk fehér rizzsel, megszórjuk bazsalikommal és/vagy korianderrel, ha használunk.

4 ADAGOT készít

SZOLGÁLÓ
A színes csirke és piperade a legjobb sima fehér rizs helyett. Kívánt esetben szórja meg az edény tetejét apróra vágott friss bazsalikommal vagy korianderrel. A baszk hagyomány szerint tegyen egy kis tál Piment d'Espelettet az asztalra, vagy töltsön meg egy kis borsdarálót vagy shakert pimentóval.

TÁROLÁS
A piperate előre elkészíthető, és hűtőszekrényben legfeljebb 4 napig, vagy légmentesen záródó edényben és fagyasztóban legfeljebb 2 hónapig tárolható. A pipa és a csirke is elkészíthető előre, és néhány napig hűtőszekrényben vagy néhány hónapig fagyasztható; egy éjszakán át a hűtőben kiolvasztjuk.

JÓ ÖTLET
Paprika és tojás. A pipa és a tojás elkészítésének hagyományos módja az, hogy felmelegítjük a pipát, felvert tojást keverünk a keverékhez, és addig főzzük, amíg a tojás habos nem lesz. A tojások elkerülhetetlenül és mindig megdermednek, de úgy tűnik, ez senkinek (legalábbis a baszknak) nem bánt. Ha rántottát szeretne, melegítsen fel 2 csésze piperádet egy serpenyőben. Közben egy tálban felverünk 6 tojást kevés sóval és borssal. Melegíts fel 2 evőkanál sótlan vajat egy nagy, tapadásmentes serpenyőben közepes lángon, és amikor a buborékok alábbhagynak, öntsd bele a tojásokat. A tojásokat kevergetve addig főzzük, amíg lágy túró nem lesz. Kanalazza a zsákot négy sekély leveses tányérra, és mindegyik közepébe készítsen egy kis mélyedést egy kanál hátával. Mindegyik mélyedést megtöltjük néhány rántottával. Meglocsoljuk a tojásokat és meglocsoljuk egy kevés olívaolajjal, ízlés szerint megszórjuk apróra vágott bazsalikommal vagy korianderrel,

CHICKEN BASQUAISE (PAGE 250)

Tagine csirke édesburgonyával és szilvával

Az édes-sós kontinuum édes oldalára áthelyezve ez a tagine kísérteties aromáival csábít, és fűszerek, gyümölcsök és zöldségek keverékével hódít. Ahogy az a tagineknél lenni szokott, ez is hagymára épül, amit lassan, lassan, lassan főznek, nem azért, hogy színezzék, hanem koncentrálják az ízüket, szinte megolvadjanak és előkészítsék a fűszerek befogadására. sáfrány, fahéj (ha találsz telt ízű, enyhén csípős vietnami fahéjat, itt csodálatos), csillagánizs, és hűvös. Bár ez egy erőteljes keverék, a gyengéd főzés puhává és kellemesen rejtélyessé teszi; nem könnyű rátenni az ujját, melyik fűszer érezteti a másik ízét. Az édesburgonya és a szilva csak fokozza az egzotikumot.

Körülbelül ¼ csésze olívaolaj

2 nagy fehér hagyma, hosszában félbevágva és vékonyra szeletelve

½ csésze plusz 1 evőkanál víz

só

1 csirke, körülbelül 4 kiló, lehetőleg bio, 8 darabra vagy 8 csirkecombra vágva, megpaskolva, szobahőmérsékleten

Frissen őrölt bors

2 nagy csipetnyi sáfrányfonal
⅛ egy teáskanál őrölt fahéj

Egy csipetnyi cayenne

1 csillagánizs pont
1 babérlevél
2 egy evőkanál mézet
1 egy csésze csirkehúsleves
12 szilva kő nélkül
1 font édesburgonya, meghámozva és 2 hüvelykes kockákra vágva

Pirított darált dió, tálaláshoz (opcionális)

Öntsön 2 evőkanál olajat egy nagy tagine vagy holland sütő aljába, és melegítse alacsony lángon. Adjuk hozzá a hagymát, kevergetve, hogy bevonja az olajat, majd keverjük hozzá 1 evőkanál vízzel, ízesítsük sóval, és fedjük le az edényt. Körülbelül 30 percig, időnként megkeverve, nagyon puhára főzzük a hagymát, de nem színeződnek meg.

Közben a csirkét megpirítjuk. Melegíts fel egy-két evőkanál olajat egy nagy serpenyőben, lehetőleg tapadásmentesen, közepes lángon. Csúsztassa a csirkét a serpenyőbe, bőrével lefelé (ne zsúfolja túl a serpenyőt – ha nem elég nagy ahhoz, hogy kényelmesen megtartsa a darabokat, akkor adagokban dolgozza), és oldalanként kb. 4 percig sütjük, vagy amíg aranybarna nem lesz. A csirkét tányérra tesszük, sóval, borssal ízesítjük.

Ha a hagyma megpuhult, hozzáadjuk a sáfrányt, ujjai között összetörve, a maradék fűszereket, a babérlevelet, a mézet, az alaplevet és a maradék ½ csésze vizet, majd keverjük össze. Szórjuk rá a szilvát a keverékre, majd tegyük rá a csirkedarabokat, bőrös felével felfelé. Szórjuk rá a burgonyakockákat a csirkére, és forraljuk fel a folyadékot. Állítsa be a hőt, hogy az alaplevet enyhén, de egyenletesen pároljuk, majd fedjük le, és főzzük körülbelül 45 percig, vagy amíg a csirke megpuhul és a burgonya megpuhul. Várja meg, amíg eléri a 45 percet, mielőtt felemelné a fedőt – a tagine zavartalanul megsül.

Kóstoljuk meg a serpenyőben lévő leveket, és ha az ízeket szeretnénk koncentrálni, tegyük át a csirkét és a zöldségeket egy tálba, fedjük le és tartsuk melegen. Forraljuk fel a folyadékot néhány percig, ne feledjük, hogy ez valójában jus, nem szósz, és folyósnak kell lennie. Miután eltávolította a csirkét és a feltéteket, öntse rájuk a sajtot; ha még minden benne van a tagine-ben vagy a rakottban, akkor ott hagyhatod tálalni.

Akárhogy is, sózzuk, borsozzuk, szórjuk meg apróra vágott dióval, ha használunk, és tálaljuk.

4 ADAGOT készít

SZOLGÁLÓ
Az édesburgonya miatt nem kell mást tálalnod a tagine mellé – ez egy igazi egyedényes étel. De mivel nagyon jó a szósz, nehéz nem akarni mással leönteni. A kuszkusz természetes választás, és egy finom rizs, mint a basmati vagy a jázmin is nagyon jó, de személyes kedvencem a quinoa: szerintem a gabona pirítósa nagyon jól passzol a tagine fűszereihez.

TÁROLÁS
Mint sok pörkölt, másnap is jól átmelegszik.

Csirke kuszkusz

EGYEDI/Mindkettő a búzadara tészta és a hozzá tálalt illatos, fűszeres észak-afrikai pörkölt neve. A legtöbb esetben az egyik edénybe a pörköltet, a másikba a kuszkuszt, a harmadikba a pörkölt húslevest kanalazzák; harissa egy kis edényben kerül az asztalra, és lehet még egy tál mazsola és egy mandula is. Fogod a pörköltet és a kuszkuszt, és ha csípősen szereted, egy merőkanálba vagy kis tálkába teszel egy harissát, hozzáadod a húslevest, megforgatod, és a húslevessel a feltétedre öntesz. A mazsola és a dió a szóráshoz való. A tömeget kedveli, és más megosztható ételekhez hasonlóan tömegek számára is kiváló.

A valóban hagyományos kuszkusz bonyolult dolog, ehhez kuszkuszra, nagy, kétszintes fazékra van szükség, amely lehetővé teszi, hogy a pörkölt az aljában megsüljön, nedvessége pedig párolja a felette lévő szemeket, valamint egy speciális búzadara kézi kikanalazási technikára. Ez egy hosszú folyamat, és szerintem gyönyörű nézni, de a legtöbben nem otthon csinálják. Házi kuszkuszhoz a francia szakácsok az amerikaiakhoz hasonlóan az instant kuszkuszot választják, ami alig öt perc alatt megfőzhető húslevesben. Körülbelül egy óra alatt elkészítheted ezt a finom kuszkuszt, nem mintha kapkodnál - a főzőkuszkusz aromája csábító.

1	evőkanál reszelt friss gyömbér és/vagy 2½ teáskanál őrölt gyömbér (vagy ízlés szerint)
¾	egy teáskanál őrölt kömény
½	egy teáskanál kurkuma
¼	teáskanál sáfrányszálak, ujjak között összecsípve (opcionális)
⅛	egy teáskanál őrölt fahéj
3	gerezd fokhagyma, felhasítjuk, a csírákat eltávolítjuk és apróra vágjuk
	Só és frissen őrölt bors
2-3	egy evőkanál sótlan vajat
1	csirke, körülbelül 4 kiló, lehetőleg bio, 8 darabra vagy 8 csirkecombra vágva, megpaskolva, szobahőmérsékleten
6	egy csésze csirkehúsleves

2	póréhagyma, csak fehér és világoszöld részek, hosszában félbevágva, megmosva és 2 hüvelykes darabokra vágva
8	kis fehér hagyma
2	zellerszár, levágva, meghámozva és 2 hüvelykes darabokra vágva
2	sárgarépát vágva, meghámozva és 2 hüvelykes darabokra vágva
2	közepes fehérrépa, vágva, meghámozva és negyedelve
1½	csésze gyorsfőzésű kuszkusz
2	vékony cukkini, megvágva és 2 hüvelykes darabokra vágva
1	15-16 uncia csicseriborsó, lecsepegtetve és leöblítve

Harissa (lásd a forrásokat[>]) tálaláshoz

Nedves, telt aranyszínű mazsola, tálaláshoz (opcionális)

Egy kis tálban keverje össze a gyömbért (friss és őrölt, ha mindkettőt használja), a köményt, a kurkumát, a sáfrányt (ha használ), a fahéjat, a fokhagymát, valamint ízlés szerint sót és borsot.

Helyezzen egy nagy holland sütőt vagy leveses fazékot közepes lángra, és adja hozzá a vajat. Ha felolvadt, adjuk hozzá a csirkedarabokat az edénybe (ha szükséges, részletekben), és szórjuk meg a fűszer/fűszerkeverékkel. Addig főzzük, forgatva a darabokat, hogy az edény aljába gyűjtsék a fűszereket, amíg el nem veszítik nyers állagukat – nem kell barnítani.

Öntsük a levest az edénybe, emeljük fel a hőt és forraljuk fel. Csökkentse a hőt, hogy a húsleves enyhén, de egyenletesen forrjon, adjuk hozzá a póréhagymát, a hagymát, a zellert, a sárgarépát és a fehérrépát, és főzzük addig, amíg a zöldségeket egy kés hegyével könnyen át nem szúrják, körülbelül 15 percig. (A kuszkuszt akár egy nappal korábban is elkészítheti; a húslevest a csirkétől és a zöldségektől elkülönítve hűtsük le, majd az étel elkészítése előtt keverjük össze és melegítsük fel.)

Sóval, borssal ízesítjük, szükség szerint fűszerezzük. Tegyünk 3 csésze húslevest egy közepes serpenyőbe, és forraljuk fel. Beleöntjük a kuszkuszba, és hagyjuk egy percig forrni az alaplevet, majd keverjük össze, kapcsoljuk le a tüzet, fedjük le a serpenyőt, és hagyjuk, hogy a kuszkusz magába szívja az alaplevet, körülbelül 5 percig.

A pörkölt befejezéséhez tedd bele a cukkinit és a csicseriborsót, és főzd körülbelül 5 percig, vagy amíg a cukkini megpuhul. A pörköltet forrón tálaljuk. Mindenkinek kéznél kell lennie egy tányér kuszkusz csirkével, zöldségekkel és alaplével, valamint kis tálkák alaplével, harissával és mazsolával (ha használ).

4 ADAGOT készít

SZOLGÁLÓ

Mindent letehet az asztalra, és hagyhatja, hogy a vendégek kiszolgálják magukat, vagy kuszkusz (tészta), csirkehús és zöldségek is szolgálhatnak minden vendégnek sekély leveses tányérokon. A kuszkusz pörkölt vagy köret alapja lehet. Minden adagra öntsünk egy kevés húslevest. Ami a csípős szószt illeti, döntsék el maguk a vendégek. Tegyünk egy kis tál húslevest minden adag mellé, és hagyjuk, hogy a vendégek annyi harissát tegyenek a húsleveshez, amennyit csak akarnak, majd öntsük rá a kuszkuszra. Tegye a mazsolát az asztalra.

TÁROLÁS

Ha kényelmesebben szeretne szakaszosan dolgozni, készítse el az ételt úgy, hogy a kuszkusz főzéséhez vegyen le egy kis húslevest. Az alaplevet és a csirkét külön hűtsük le a zöldségekkel, majd másnap fejezzük be az ételt. Miután elkészítette az egész ételt, és megvan a maradék, óvatosan melegítse fel őket - a gabona és a zöldségek kissé puhaak lesznek, de még mindig finomak.

A csirkemell diable

LETILTÁSEGY FRANCIA ÁTOTT SZÓ, és ha meglátja az étlapon, biztos lehet benne, hogy az étel mustárt tartalmaz, általában la moutarde forte de Dijon, egy erős dijoni mustár, amely körülbelül olyan forró, mint a fűszerek a francia konyhában. A zsemlemorzsára is nagyjából támaszkodhat. A poulet à la diable leghagyományosabb olvasata szerint a csonton lévő csirkedarabokat sima dijoni mustárral festik, zsemlemorzsával bevonják, olvasztott vajjal meglocsolják és megpirítják. Az én gyorsabb változatomban a csirkeszeleteket megdinszteljük, majd medvehagymával és fokhagymával, fehérborral, tejszínnel és mustárral mártást készítünk. Egy kis finomítással ezt az ételt steakekké varázsolhatod (lásd Bonne Idée).

4	bőr nélküli, kicsontozott csirkemell fél, lehetőleg bio, puha, enyhén morzsolt, szobahőmérsékleten
1	egy evőkanál sótlan vajat
	Körülbelül 1 evőkanál olívaolaj
	Só és frissen őrölt bors
1	közepes mogyoróhagyma, apróra vágva, leöblítve és szárazra törölve
1	fokhagymagerezd, félbevágva, csíráját eltávolítva és apróra vágva
⅓	egy csésze száraz fehérbor
½	csésze nehéz tejszín
3	egy evőkanál dijoni vagy szemes mustár, lehetőleg francia vagy kicsit több
1-2	teáskanál Worcestershire szósz

Állítsa középre a sütőrácsot, és melegítse elő a sütőt 200 F-ra. A csirkemelleket szárítsa meg.

Helyezzen egy nagy serpenyőt közepesen magas lángra, és adja hozzá a vajat és 1 evőkanál olajat. Ha a vaj felolvadt, csúsztassa a csirkedarabokat a serpenyőbe. (Ha a serpenyő nem elég nagy ahhoz, hogy az összes darabot egyszerre el tudja helyezni, főzze meg a csirkét adagonként, vagy dolgozzon két serpenyőben.) Állítsa be a hőt, hogy a vaj ne égjen meg, és süsse a csirkét, amíg szép barna nem lesz. az alsó oldalon körülbelül 4 percig. Fordítsuk meg a darabokat, és süssük addig, amíg a másik oldaluk is jól megpirul, és a csirke átsült – ellenőrizzük a darabokra vágással. Ha a serpenyő kiszárad, csepegtess még bele egy kevés olajat. Tegyük át a melleket egy hőálló tányérra (peremen, hogy felfogja a levet), sózzuk, borsozzuk, enyhén takarjuk le fóliasátorral, és tartsuk melegen a sütőben, amíg elkészítjük a szószt.

Csökkentse a lángot közepesre, dobja bele a medvehagymát és a fokhagymát a serpenyőbe, és enyhén sóval és borssal ízesítse. Keverés közben főzzük, amíg megpuhul, körülbelül 2 percig. Öntsük hozzá a bort, és amikor elkezd bugyogni, keverjük körbe, hogy fel tudja szedni az esetlegesen a serpenyő aljára ragadt darabkákat. Hagyja pár másodpercig forrni a bort, majd öntse hozzá a kemény tejszínt. Amint felforr, keverjük hozzá a mustárt és 1 teáskanál Worcestershire szószt. Kóstolja meg, és döntse el, hogy több mustárt, worcestershire-t vagy borsot szeretne (valószínűleg nem kell több só, mivel a mustár sós).

Vegye ki a csirkét a sütőből, öntse a tányérról a levet a serpenyőbe, és keverje újra a szószt. A csirkét a szósszal tálaljuk.

4 ADAGOT készít

SZOLGÁLÓ
Helyezze a csirkét meleg tálra vagy külön tányérokra, és mindegyik darabra egyenlő mennyiségű szószt kanalazzon. Ördögi csirkét szeretek fokhagymás morzsával borított brokkolival tálalni ([>]) vagy egyszerűen párolt sárgarépát kevés vajjal és apróra vágott friss petrezselyemmel vagy kakukkfűvel keverve.

TÁROLÁS
A csirkehúst nem érdemes megfogni – élvezd, amint kész.

JÓ ÖTLET
Filet Mignon Diable. A filéket szobahőmérsékletre melegítjük, majd papírtörlő között szárítsuk meg mindegyik darabot, és vajban és olajban süssük mindkét oldalukat. A marhahúsnak kevesebb időre van

szüksége a serpenyőben, mint a csirkehúsnak, ezért oldalanként 2 perccel kezdje el az ellenőrzést. Amikor a marhahús ízlés szerint megsült, tányérra tesszük, sózzuk, borsozzuk, lazán letakarva 200 fokra előmelegített sütőbe tesszük. A serpenyőben maradt zsíron főzzük meg a medvehagymát és a fokhagymát, majd öntsünk hozzá ¼ csésze száraz fehérbort és 2 evőkanál konyakot, armagnacot vagy más pálinkát. 1 percig főzzük, amíg a serpenyőre ragadt darabokat fel nem kaparjuk, majd hozzáadjuk a tejszínt, majd a mustárt és a Worcestershire szószt. Öntse a marhahús körüli levet a serpenyőbe, keverje össze a mártást, és tálalja úgy, hogy a mártást a marhahúsra öntse.

Csirke, alma és tejszín à la Normande

HA TALÁL egy ételt almával és tejszínnel, az valószínűleg az à la Normande, egy tisztelgés Normandia előtt. A Párizs nyugati széleitől a La Manche csatornáig tartó régió híres az almáról, az almaborról, a pálinkaszerű Calvadosról (almából), a tejszínről (beleértve egy vastag kanál crème fraîche-t), a Camembert-ről és a vajról. Nem rossz az ország egy kis szegletében. Norman ilyenkor a csirkemell kezelését kapja (bár lehet sertéshús is; lásd: Bonne Idée), és az almán és a tejszínen kívül calvados és gomba is található, amely szintén a régióban őshonos. Az étel egy enyhén édes, kifejezetten gazdag főzet, amely fényűzőbb, sokkal fényűzőbb és sokkal szebb, mint az összetevők listája vagy az összeállításhoz szükséges rövid idő elhitetné Önt.

Univerzális liszt, mélyítéshez

Só és frissen őrölt bors

4	bőr nélküli, csont nélküli csirkemell felek, lehetőleg bio, puha, szobahőmérsékleten
1-2	egy evőkanál sótlan vajat
1-2	evőkanál olívaolaj
1	nagy alma, meghámozva, kimagozva és 1 hüvelykes darabokra vágva
1	közepes hagyma, apróra vágva
8	gombát kiszárítva, megtisztítva, vékonyra szeletelve és keresztben félbevágva
⅓	egy csésze csirkehúsleves
2	egy evőkanál calvados, alma jack vagy brandy
⅔	csésze nehéz tejszín

Tegyünk egy kis lisztet a tányérra, és ízesítsük sóval, borssal. A csirkedarabokat szárítsa meg, és forgatja be lisztbe, mindkét oldalát enyhén vonja be, és ütögesse le a felesleget.

Tegyünk egy nagy, mély serpenyőt közepesen magas lángra (én a tapadásmentességet szeretem), és adjunk hozzá 1-1 evőkanál vajat és olajat. Ha a vaj elolvadt, csúsztassa a csirkét a serpenyőbe (ha a serpenyő nem elég nagy ahhoz, hogy mind a 4 elférjen, tegye ketté vagy használjon két serpenyőt). 3 percig főzzük, hogy az alsó oldaluk barnuljon, majd fordítsuk meg és süssük további 3 percig. (Ha adagokban főzte, tegye vissza az egész csirkét a serpenyőbe.)

Ha kevés a vaj és az olaj, azonnal adj hozzá egy keveset, majd dobd bele az almát, a hagymát és a gombát. Ízesítsük sóval, borssal, és dobjuk körbe az új feltéteket, hogy jól elkeveredjenek a vajjal és az olajjal, és ragyogjanak. 1 percig forraljuk, majd felöntjük az alaplével. Amikor a húsleves forr, csökkentse a hőt – lassú tűzön akarja tartani –, és pároljuk körülbelül 10 percig, vagy amíg a csirke majdnem készen nem lesz. (A főzési idő a csirkedarabok vastagságától függ; kezdje el ellenőrizni a 6 percet.)

Vegyük fel a hőt, öntsük bele a Calvadost, és főzzük, amíg majdnem elpárolog, körülbelül 1 percig. Adjuk hozzá a tejszínt, és hevítsük magas lángon, amíg a krém néhány perc alatt körülbelül negyedére csökken. (Ha attól tart, hogy a csirke túlsül, tegyük át egy tálra, és tartsuk melegen, enyhén lefedve.) Ízesítsük a szószt sóval és borssal. Miután eltávolította a csirkét, öntse rá a szószt; ha az edény még egész, tegyük egy tálra.

4 ADAGOT készít

SZOLGÁLÓ
Néha a csirkét citromos párolt spenót tetejére teszem, csodás tejszínes szósszal ([>]) – Imádom a spenót sima ásványos ízét az alma és a hagyma édessége ellen. Néha párolt brokkolival és olívaolajjal vagy Pancetta zöldbabbal kombinálom ([>]), és néha hagyom, hogy önmagában játsszon – van elég íze, állaga és árnyalata ahhoz, hogy önmagában is megállja a helyét.

TÁROLÁS
Ha van maradék, másnap óvatosan felmelegíthetjük.

JÓ ÖTLET
Sertés à la Normande. Cseréld le a csirkemelleket sertésszeletekre (vastagságtól függően 15 percig kell főzni többé-kevésbé), a többit pedig hagyd a receptben. Mivel a sertéshús és a zsálya olyan szép kombináció, tetszés szerint adhatunk hozzá apróra vágott friss zsályalisztet, amelyet a hús fűszerezésére használunk.

Fahéjas-Crunch csirke

A BARÁTOM ALICE VASSEUR arca a legkifejezőbb. Mosolya és homlokráncolása túl nagy, és ha izgatott, szemei elkerekednek, és a szemöldöke úgy tűnik, mintha felrepülne. És ott voltunk, teát ittunk a párizsi konyhámban egy hűvös téli délutánon, amikor hirtelen felragyogott az arca, és felkiáltott: "Elfelejtettem elmondani, mit készítettem tegnap este - olyan egyszerű és olyan jó." és a barátaim tetszett: csirke spekulációval!"

A Speculoos (és tönköly is) vékony, vajas fahéjas és fűszeres kekszek, amelyek ropogósak, de elolvadnak a szájban, mint az omlós tészta. Észak-Franciaország, Belgium és Hollandia specialitásai, karácsonykor a legnépszerűbbek, de egész évben kaphatók, még az amerikai szupermarketekben is (keressük a LU Cinnamon Sugar Spice Biscuits vagy LU Bastogne-t), és leggyakrabban a teával tálalva kapcsolódnak hozzá. vagy kávét (nagy dunkerek) – libamájjal vagy valami mással. A sütik használata a csirkével ugrás volt, és egy kis ragyogás Alice-től.

Ennek az ételnek mindössze három fő összetevője van: csirkemell, crème fraîche és speculoos, elkészítése mindössze 10 percet vesz igénybe, de nemcsak szokatlan és finom, hanem a modern francia házikonyhát is tökéletesen reprezentáló recept: szupermarketben készül. összetevőket. stílusosan néz ki és haute ízű.

A Crème fraîche valóban az, amit érdemes itt használni, mind az íze, mind a melege miatt. Ha szükséges, tejszínnel helyettesíthetjük, de tejföllel nem, ami a melegben megdermed és szétesik. És bár szeretem a házi spekulációt ([>]), ez a recept a boltban vásárolt termékekkel működik a legjobban.

2	speculoos (LU Cinnamon Sugar Spice Biscuits vagy LU Bastogne)
1	csésze crème fraîche (lásd fent)
	Só és frissen őrölt bors
4	bőr nélküli, csont nélküli csirkemell felek, lehetőleg bio, puha, szobahőmérsékleten

1-2 egy evőkanál sótlan vaj vagy olívaolaj

Egy hosszú fogazott késsel aprítsa fel egyenetlenül a sütiket, így kapja a süteményport, a süteménymorzsát és a sütidarabokat. A kekszet belekeverjük a crème fraîche-ba, és sózzuk, borsozzuk.

A csirkemellet szárítsa meg, és vágja keresztben körülbelül egy hüvelyk széles csíkokra.

Helyezzen egy nagy serpenyőt, lehetőleg tapadásmentes, közepesen magas lángra, és adjon hozzá 1 evőkanál vajat vagy olajat. Amikor felforrósodott, beledobjuk a csirkecsíkokat, és szükség szerint további vaj vagy olaj hozzáadásával addig sütjük, amíg a csirke minden oldala enyhén megpirul és majdnem átsül, körülbelül 7 percig.

A csirkemellet sózzuk, borsozzuk, majd hozzáadjuk a kekszes keveréket a serpenyőhöz. Forraljuk fel, és keverés közben főzzük még egy percig, vagy amíg a csirke be nem vonódik és teljesen megfőtt. Sóval, borssal ízesítjük és tálaljuk.

4 ADAGOT készít

SZOLGÁLÓ
Kedvenc köretem a citrommal párolt spenót ([>]) csak sóval, borssal és kívánság szerint kevés frissen reszelt szerecsendióval keverve. Mivel az étel édes és egy kicsit kiadós, jó, ha valami nagyon alap is van köretként.

TÁROLÁS
Az étel gyorsan elkészül, és azonnal el kell fogyasztani, amint kész.

Curry csirke, paprika és borsó en Papillote

MÉG MÉG MEGSZÁMOLHATOM, HOGY HOGY KÉSZÍTEM AZ ALKALMAZOTT, de minden alkalommal ugyanazt a reakciót kapom: nem tudom, hogy lehet minden ilyen egyszerűen jó és szép. Körülbelül öt percet vesz igénybe az összeállítás, és főzés közben nem igényel figyelmet, de a sütőből tele ízzel, illatosan, gyönyörűen színezve kerül ki, és önmagában vagy egy kis fehér rizzsel tálalható. Én általában tapadásmentes fóliát használok a sütőcsomagok elkészítéséhez, de ha vacsorára tálalom (ne gondolja, hogy nem alkalmas vacsorára, csak azért, mert könnyű), akkor sütőpapírba készítem a papillókat és hozom. a zacskókat az asztalhoz, hogy minden vendégnek öröme legyen kinyitni a csomagot, és megkapja az első aromás gőzfüstöt.

Néhány szó a recept szaporításáról: Bármilyen papillote-val készül, könnyen növelhető vagy csökkenthető az adagok száma. Ha viszont növeljük őket, akkor nem érdemes az összes csomagot egy tepsire rakni. Oldalanként négy csomag a maximum; teret kell hagynia a hő keringésére és a papillómák megduzzadására.

2 nagy bőr nélküli, csont nélküli csirkemell felek, lehetőleg bio, szobahőmérsékleten
12 vékonyra szeletelt lilahagyma, félbevágva
½ pirospaprika, kimagozva, kimagozva és felkockázva
1 csésze borsó (friss vagy fagyasztott)
4 teáskanál olívaolaj
1 egy teáskanál curry por

Só és frissen őrölt bors

Helyezzen egy sütőrácsot, és melegítse elő a sütőt 400 F-ra. Vágjon négy 12 hüvelykes négyzetet a tapadásmentes alumíniumfóliából. Tartson kéznél egy tepsit.

A csirkét hosszú csíkokra vágjuk, majd a csíkokat keresztben félbevágjuk. A csirkét és az összes többi hozzávalót egy tálba tesszük, sózzuk, borsozzuk, és addig keverjük, amíg a currypor egyenletesen bevonja a csirkét és a zöldségeket. Egyforma mennyiségű keveréket kanalazunk minden fóliadarab közepére. Húzzuk fel a fólia széleit, és jól zárjuk le a csomagokat, de ne nyomjuk a fóliát a csirkéhez közel – a hozzávalók körül szeretnénk helyet hagyni a párolgásnak. Helyezze a csomagokat a sütőlapra. (A csomagokat akár 4 órával korábban is összeállíthatja, és hűtőszekrényben tárolhatja; főzheti még néhány percig.)

Süsse a papillotákat 17-20 percig, vagy amíg a csirke megpuhul – óvatosan nyissa ki a csomagot, és vágja egy darab csirkét a teszteléshez.

A csomagokat azonnal tálaljuk úgy, hogy közvetlenül a sütőből az asztalra hozzuk, vagy kinyitjuk a konyhában, és külön tányérokra helyezzük a csirkét és a zöldségeket.

4 ADAGOT készít

SZOLGÁLÓ
Mindegyik csomagot tányérra vagy sekély leveses tányérba teheted, és hagyhatod, hogy a vendégek az asztalnál nyissák ki, vagy a konyhában bontsák ki és ott tegyék tányérra. A fehér rizs a leghagyományosabb köretnek tűnik (gondoljunk csak a Cardamom Rice Pilafra,[>]), de a kuszkusz vagy a quinoa is nagyon jó.

TÁROLÁS
A csomagokat néhány órával korábban összeállíthatja, és a hűtőszekrénybe helyezheti; csak adjon hozzá egy-két percet a főzési időhöz.

Csirke B'még

A B'STILLA (VAGY NÉHA BETÖLZÉSÉNEK PASTILLÁJA)
Marokkó egyik legendás étele, amelyet a franciák vég nélkül átalakítottak, hogy maguk is elkészítsék. A fedett pite alapvetően tiszta, vékony pelyhes tésztából készült, édes és fűszeres, hagyományosan galambból készült étel, de láttam már Párizsban gyöngytyúkkal, fürjekkel, csirkével, sőt hallal is. Ez a változat gyömbérrel, fahéjjal, korianderrel és sáfránnyal fűszerezett csirkét tartalmaz; phyllo tésztát használ a kenyérhez, tökéletes pite; és fahéjas cukorral porlik a héja, mint Marokkóban.

A B'stilla elkészítése időbe telik – a csirkét be kell pácolni, majd meg kell főzni, a felépítése pedig kissé művészi –, de az étel megéri a fáradságot, különösen, ha buli van. Amellett, hogy élvonalbeli (mindig egy plusz), szép, és mivel úgy tervezték, hogy kézzel ehető, enni is szórakoztató. Valójában egy többfogásos étkezés kezdetekor is elfogyasztják, de senki sem hibáztatná, hogy követted a példámat, és az asztalra tetted, mint a plat de résistance.

KÉSZEN ÁLL: A csirkét egy órát kell pácolni.

- 8 csirkecipő, lehetőleg bio, bőrrel
- 2 nagy hagyma, durvára vágva
- 3 gerezd fokhagyma, félbevágva, a csírákat eltávolítva és apróra vágva
- ¾ egy teáskanál őrölt gyömbér
- ¾ egy teáskanál őrölt koriander
- ¾ egy teáskanál őrölt fahéj

Egy nagy csipet sáfrányszál

- 2½ egy csésze csirkehúsleves

só

- 3 egy evőkanál friss citromlé
- 3 nagy tojások
- 2 egy evőkanál mézet

Frissen őrölt bors

- 1 egy evőkanál apróra vágott friss koriander
- 1 egy evőkanál apróra vágott friss petrezselymet

8 filolapok (egyenként 9 x 14 hüvelyk)

Kb. 6 evőkanál sótlan vaj, olvasztott

3 uncia apróra vágott mandula (kevés csésze), pirítva és apróra vágva

Fahéjas cukor, porozáshoz

Helyezze a csirkedarabokat, a hagymát, a fokhagymát és a fűszereket egy holland sütőbe vagy más nagy rakott edénybe, és jól keverje össze (én ezt a kezemmel csinálom). Fedjük le és hagyjuk a csirkét szobahőmérsékleten 1 órán át pácolódni. (Ha neked kényelmesebb, a csirke akár 1 napig is pácolható a hűtőben.)

Adjuk hozzá a csirkelevest és 1 teáskanál sót az edénybe, és forraljuk fel nagy lángon. Csökkentse a hőt lassú tűzre, fedje le az edényt, és főzze 1 órán át, ekkor a csirkének le kell esnie a csontról.

A csirkét kanalazzuk egy tálba. Szűrjük le a levest, megtakarítjuk a folyadékot és a hagymát is. Amikor a csirke kellően kihűlt ahhoz, hogy kezelni tudja, távolítsa el a húst a csontokról, és vágja apró kockákra vagy aprítsa fel.

Tisztítsuk ki a holland sütőt, és öntsük vissza az alaplevet, vagy öntsük egy közepes serpenyőbe. Forraljuk fel a citromlevet, forraljuk fel, és főzzük körülbelül 1 csésze folyadékig. Csökkentse a hőt alacsonyra.

Verjük fel a tojásokat a mézzel, és öntsük a húslevesbe, folyamatosan keverjük. Folyamatos habverővel melegítsük körülbelül 5 percig, amíg a szósz annyira besűrűsödik, hogy nyomokat hagyjon a habverőn. Vegyük le a serpenyőt a tűzről, és ízesítsük a szószt sóval és borssal.

Keverje hozzá a csirkét és a félretett hagymát a szószhoz a korianderrel és a petrezselyemmel együtt.*(A csirkét és a szószt legfeljebb 1 nappal korábban elkészítheti, és lefedve, hűtőszekrényben tárolhatja.)*

Középre helyezzük a sütőrácsot, és előmelegítjük a sütőt 400 F-ra. Béleljünk ki egy tepsit alufóliával.

Helyezzen filólapokat a viaszpapír lapok közé, és fedje le konyharuhával. Egy 9 hüvelykes kerek tortaformát, amely 2 hüvelyk magas, megkenünk olvasztott vajjal. Kenjünk meg 1 filolapot vajjal, és helyezzük a serpenyő közepére, hagyjuk, hogy a felesleg a szélére lógjon. Ecseteljen meg egy másik lapot, és nyomja bele a tepsibe úgy, hogy merőleges legyen az első lapra, és pluszjelet képezzen. Helyezzen egy harmadik, majd egy negyedik kivajazott lapot a serpenyőbe úgy, hogy Xi-t alkosson; az összes levél túlnyúlása fedje le a serpenyő szélét.

Szórjuk meg a mandula felét a filolé. Kanalazzuk bele az ízes csirkét, egyenletesen oszlassuk el a serpenyőben, és szórjuk meg a maradék mandulával. Hajtsa rá a felesleges filót a csirkére.

A maradék 4 filolapot kivajazzuk, a munkafelületre halmozzuk. Az edény fedelét vagy a kovászos serpenyő alját útmutatóként használva vágjon ki egy 10-11 hüvelykes kört. Helyezzük a kört a tortaforma közepére, és óvatosan nyomjuk bele a tészta széleit a tepsibe, úgy mozgassuk körbe, mintha ágyat készítenénk. A b'stilla tetejét megkenjük egy kevés vajjal, és megszórjuk egy kevés fahéjas cukorral. Helyezze a serpenyőt egy sütőlapra.

Süssük a b'stillát 20 percig, majd csökkentsük a hőmérsékletet 350 F-ra, és süssük további 20 percig. Ha úgy tűnik, hogy a teteje bárhol is barnulna, lazán takarja le alufóliával. Helyezze a b'stillát egy hűtőrácsra, és hagyja állni körülbelül 5 percig.

Helyezzen egy darab pergament egy vágódeszkára, és legyen kéznél egy tálalótál. Fordítsd ki a b'stillát egy pergamennel bélelt deszkára, és fordítsd egy tálra, jobb oldalával felfelé. A b'stillát azonnal szeletekre vágva tálaljuk, vagy melegen vagy szobahőmérsékleten tálaljuk.

6 ADAGOT készít

SZOLGÁLÓ
B'stillának nincs szüksége kísérőre.

TÁROLÁS

A csirkét és a szószt akár egy nappal korábban is elkészítheti, és lefedve, hűtőben tarthatja, amíg készen nem áll a b'stilla elkészítésére; de amikor a b'stilla megfőtt, akkor a legjobb aznap tálalni. Ha marad belőle, fedje le és hűtse le; tálalás előtt hagyd szobahőmérsékletűre melegedni, vagy 325 fokos sütőben melegítsd át – a tészta nem lesz olyan pelyhes, de az étel így is kielégítő lesz.

Oliva-olíva Cornish tyúk

EZ AZ EGYIK LEGKÖNNYŰBB MÓD, amellyel nagyon gyorsan elkészíthetek egy igazán jó vacsorát. A cornwalli tyúkok általában gyorsan megsülnek, de ahogy itt vannak, felezve és lapítva, a sütési idejük még rövidebb. A franciák ezt a készítményt en crapaudine-nak hívják, ami nagyjából annyit jelent, mint egy varangy, amely lapos csirkékre emlékeztet széttárt lábakkal és kinyújtott szárnyakkal. Tudom, hogy nem ez a legétvágygerjesztőbb leírás az ételről (a technika brit szava, a spatchcocked, nem hangzik vonzóbban), de a csirkék így vágásával a felére csökken a főzési idő, és ropogós bőrt kapunk.

A poussin en crapaudine ennél a változatánál tapenadet teszek a csirkék bőre alá, olívaolajjal masszírozom, meglocsolom citromlével és mindössze 30 percig tartom a sütőben.

Attól függően, hogy mi van még az étlapon, 1 csirke 1 vagy 2 személyre szolgál. 4 személy kiszolgálásához egyszerűen vágja félbe a sült csirkéket. A receptet is megduplázhatod.

2 Cornish tyúkok, lehetőleg bio, szobahőmérsékleten

Körülbelül 2 teáskanál tapenade, fekete (első választásom) vagy zöld, házi készítésű ([>]) vagy boltban vásárolt

Olivaolaj

Friss citromlé

Só és frissen őrölt bors

Citromszeletek, tálalni

Középre állítjuk a sütőrácsot, és előmelegítjük a sütőt 500 fokra. Olajozzuk ki egy sekély serpenyőt vagy brojler serpenyőt. (A könnyebb tisztítás érdekében béleljen ki egy serpenyőt tapadásmentes alufóliával és olajjal.)

Egyszerre 1 csirkével dolgozva konyhai ollóval vagy szakácskéssel vágja le mindkét oldalát, hogy eltávolítsa a gerincét. Dobja el a csontot (vagy tegye a hulladékkupacba), és fordítsa a madár mellével felfelé a vágódeszkán. Most a súlyát belehelyezve nyomja a kezének sarkát a csirke szegycsontjának közepéhez, vágja le a csontot, és lapítsa ki a madarat. E durva munka után óvatosan engedje el a bőrt a húsról, csak annyira válassza el, hogy elérje a mell és a comb húsos részét. Dörzsölje a tapenade felét a bőr alá az ujjaival – nem kell sok tapenád egy helyen; egy kicsit sokra megy, ha melegítjük.

Helyezzük a csirkéket egy serpenyőbe, bőrükkel felfelé, és kenjük be a bőrt egy kevés olívaolajjal. Meglocsoljuk egy kevés citromlével, sózzuk, borsozzuk, és a tepsit a sütőbe toljuk.

A csirkéket zavartalanul sütjük 25-30 percig, amíg a bőr mélyen aranybarna és ropogós nem lesz, és a combok átszúrásakor a leve el nem folyik.

Ha 4-et adunk, vágjuk ketté a madarakat a szegycsont mentén felszeletelve. Ízlés szerint citromkarikákkal és olívaolajjal tálaljuk.

2-4 ADAGOT KÉSZÍT

SZOLGÁLÓ
Szinte au naturall szeretem tálalni a madarakat: ha a serpenyőben nem égett le a leve, lehet, hogy a csirkékre kanalazok, de a csirkéket általában csak meglocsolom néhány csepp olívaolajjal, és citromkarikákkal körbekötöm. . Ezeknek a madaraknak valójában csak egy csipetnyi citromra van szükségük.

TÁROLÁS
Bármilyen maradékból jó falat lesz másnap.

Kolbásszal töltött cornwalli tyúkok

KÖNNYEN RENDELHETŐ KORNIS CSIRKEINK tökéletes hely a kicsit kisebb francia poussinok vagy bébi csirkék számára. Jó kis madarak sütni a zsúfolt hétköznapokon, mert ízletesek, sokoldalúak, és körülbelül 40 perc alatt be- és kivehetők a sütőből – és ez a töltelékkel együtt történik (íme, egy egyszerű keverék kenyérből és kolbászból). Míg egy francia szakács még gyorsabban elkészítheti ezt az ételt, mert a kész kolbásztölteléket a hentestől szerzi be, ez a töltelék így is gyorsan összeállítható, mindössze néhány perccel megnövelve az amerikai konyha idejét. .

Néhány szó az adagméretről: 1 csirke 1 vagy 2 személyre szolgál, attól függően, hogy mi van még az étlapon. Ha úgy dönt, hogy 2 csirkét készít 4-re, süsse meg a csirkéket, majd vágja ketté a mell és a gerinc mentén. Természetesen a receptet is megduplázhatod; ebben az esetben használjon két serpenyőt vagy egy nagyobb pörkölőt.

- 2 Cornish tyúkok, lehetőleg bio (máj, ha van), szobahőmérsékleten
- Körülbelül 2 evőkanál olívaolaj
- Körülbelül 1½ evőkanál sótlan vaj és 1 evőkanál hideg vaj a szósz elkészítésekor (opcionális)
- 1 fokhagymagerezd, félbevágva, csíráját eltávolítva és apróra vágva
- 1 medvehagyma vagy ½ kis hagyma, finomra vágva, leöblítve és szárítva
- ¼ kolbász, szükség esetén a belek eltávolítása (használhat édes vagy forró kolbászt vagy keveréket)
- ½ az állott kenyeret felszeleteljük, héját eltávolítjuk, kis kockákra vágjuk
- 1 egy nagy tojás, enyhén felverve
- 2 egy evőkanál apróra vágott friss petrezselymet
- Só és frissen őrölt bors
- ½ egy csésze száraz fehérbor (elhagyható)

Állítsa középre a sütőrácsot, és melegítse elő a sütőt 425 F-ra. Enyhén vajazz vagy olajozzon ki egy tepsit (én a régi öntöttvas serpenyőmet használom) vagy egy kis pörkölőt.

Ha volt szerencséje májas csirkékhez, öblítse le és szárítsa meg a májat, vágja le az ereket és a zöld foltokat, és apróra vágja.

Egy serpenyőben közepes lángon hevíts fel 2 teáskanál olajat és ½ evőkanál vajat. Dobja bele a fokhagymát és a medvehagymát vagy a hagymát, és keverje körülbelül egy percig. Adjuk hozzá a májat, ha van, és keverjük még egy percig. Beledobjuk a kolbászt, és 1-2 percig főzzük úgy, hogy az esetleges darabokat széttörjük. Vegyük le a tűzről és hagyjuk hűlni néhány percig, majd keverjük hozzá a kenyeret, a felvert tojást és a petrezselymet; sóval, borssal ízesítjük.

Sózzuk, borsozzuk a csirkék belsejét, és kanalazzuk bele a tölteléket, ügyelve arra, hogy ne csomagoljuk túl szorosan vagy túlságosan tele. A csirkéket bedörzsöljük pár teáskanál olívaolajjal és egy evőkanál vajjal, majd bőségesen ízesítjük sóval és borssal.

Tedd a serpenyőbe, és csúsztasd be a tepsit a sütőbe - ha szeretnéd, a csirkéket oldalról-hátulra sült módszerrel is megsütheted: helyezd az oldalukra a serpenyőbe, és hagyj 15 percet sütni. fordítsd meg és adj még 15 percet, majd süsd a hátukon 10 percig. Nem számít, hogyan sütjük őket, 40 percig sütjük, vagy amíg a combok legvastagabb pontján átszúrjuk a levét.

Amikor a csirkék készen vannak, adjunk nekik egy kis lábpihentetést a levegőben: helyezzük őket egy tálcára, helyezzünk egy tálat a tálca egyik végére, fordítsuk meg a madarakat, mellükkel lefelé, és a lábukat pihentessük a tálcán. tál. Enyhén fedjük le őket egy fóliasátorral, és hagyjuk állni körülbelül 5 percig, vagy amíg elkészítjük a szószt, ha úgy tetszik.

A serpenyő elkészítéséhez egy evőkanál hideg vajat vágjunk negyedekre. A serpenyőről (vagy sültről) öntsük le a zsírt, és helyezzük a serpenyőt közepesen magas hőre. Amikor felforrt, öntsük hozzá a bort, és hagyjuk buborékolni, amíg a felére csökken. A serpenyőt levesszük a tűzről, és belekeverjük a hideg vajdarabkákat. Ellenőrizze a sót és a borsot.

Tálaljuk a csirkét a szósszal, ha elkészítettük.

2-4 ADAGOT KÉSZÍT

SZOLGÁLÓ
Ha ketté akarod vágni a csirkéket, akkor konyhai ollóval vagy egy jó erős késsel vágd ketté a mell és a gerinc mentén, majd helyezd mindkét oldal alá a töltelék felét. Miután elkészítette a serpenyős szószt, öntsön belőle egy keveset minden adagra.

TÁROLÁS
Ha maradtak, vegyük le a töltelék a csirkékről, és lefedve tároljuk a hűtőben a madarakkal együtt – remek nassolnivaló másnap.

kacsamell: az alapok

Ha olyan vagy, mint én, nem a sült kacsamell jut először eszedbe, ha a gyorsétteremre gondolsz. Tekintsük ezt egy újabb kulináris trükknek, amely bizonyítja, hogy nem vagyunk franciák.

Számunkra a kacsa gyakran divatos éttermi ételnek számít; a franciák számára ez egy olyan dolog, amit hétköznap esténként kevesebb mint 30 perc alatt meg lehet sütni, szószolni és felszolgálni, ami megmagyarázza, hogy minden házi szakácsnak van olyan sok egyszerű kacsaétel a receptes dobozában.

Franciaországban a magret de canardot vásárolják, és a Moulard kacsától származik, amely a pézsmakacsa és a pekini (Long Island) kacsa keresztezése. Az egész Moulardot használják: a lábakból kacsa confitot készítenek (olyan étel, amelyben a lábakat saját zsírjában főzik meg, majd abban tárolják). A gyakran néhány napig érlelt szegyet sötét, ízes húsa miatt értékelik, néha a bélszínhez képest, de vastag zsírrétege miatt is, amely főzéskor megolvad (a főtt szegy valójában meglehetősen alacsony kalóriatartalmú), és megtakarít. mert olyan jó krumpli.sütéshez.

Moulard mellek itt találhatók (lásd a forrásokat[>]), de a legtöbb piacunkon nagyon sovány pézsma vagy más sovány pekin található. Egyik sem olyan lédús, mint a Moulard, de bármelyik is remek vacsora. És az összes mell, ha megégett (lásd[>]egyszerű technikához) és pihenve (a kacsamell készítés fontos része) édes-savanyú lecsengést ér el. A magret de canard receptjei szinte hiba nélkül tartalmaznak valami savasat, általában ecetet, és valami édeset, gyakran mézet, és ugyanilyen gyakran gyümölcsöt, vagy mézet és gyümölcsöt. A kombinációk jó okkal klasszikusak – tökéletesen játszanak a pont-ellenpont kacsa gazdag húsosságával.

Ha egy étteremben kacsamellet kap, mindig felszeletelve szolgálja fel – a melleket átlósan körülbelül fél hüvelyk vastagságú szeletekre vágjuk – úgy, hogy a szeletek kissé átfedik egymást. Otthon lehet, hogy nem érdemes így külön tányérokra tenni, de a kacsát még mindig jó, mert átlósan felszeletelve lágyabb lesz.

Megjegyzés a mérethez: Az amerikai kacsamell körülbelül 5 uncia és majdnem 1 font között lehet. A kisebb mellek egyszer használatosak, míg a nagyok nagyvonalúak, de két személynek is jók. Néha megfőzök egy-egy plusz szegyet, hogy legyen maradék, és persze, ha van maradék szelet, megtartom. A hús felkockázható, és hozzáadható lencséhez, fehérbabhoz vagy burgonyához, akárcsak a szalonnához; adjuk hozzá a salátához; vagy remek szendvicset készítenek belőle.

Húszperces mézes-mázas kacsamell

ITT VOLTAM A KACCSÁM, mint a mindennapi ételem: amikor egy szombaton átrohantam a rue des Carmes piacon, felkaptam pár kacsamellet, majd 20 perc alatt megsütöttem, és arra gondoltam: "Lehet, hogy soha nem térek rá a tésztára és megint sajt."

Ebben az edényben a melleket egy serpenyőben megsütjük, fóliába csomagolva rövid pihenőre, és egy percig melegítjük méz, balzsamecet, lime leve és kevés kacsazsír keverékében. Vidéki kenyérrel és salátával tálalva, amit a kacsák pihenése közben összeállíthat (és ha úgy tetszik, egy kis zsírral meglocsolva), ez az a fajta étel, amelyet szívesen elfogyasztana kedvenc bisztrójában. De ha ez a bisztró nincs a szomszédban, akkor több időbe telik eljutni oda, mint megfőzni azt a kielégítő ételt.

2 **nagy kacsamell, lehetőleg Moulardból, vagy 4 kis kacsamell (összesen kb. 2 font), szobahőmérsékleten**

Só és frissen őrölt bors

2 evőkanál balzsamecet
1 egy evőkanál mézet

1 lime leve

Melegítsük elő a sütőt 250 F fokra.

Éles késsel keresztben vágja be a kacsa bőrét, mélyen belevágva a zsírrétegbe, de ügyeljen arra, hogy a hús ne kerüljön ki. A szegy mindkét oldalát sóval és borssal ízesítjük.

Melegíts fel egy holland sütőt közepesen magas hőfokon. (A melleket megsüthetjük serpenyőben is, de egy rakott edény jobban megvédi a zsírt a kifröccsenéstől. Az öntöttvas rakott edény tökéletes.) Amikor az edénybe öntött néhány vízcsepp táncra perdül és gyorsan elpárolog, tedd rá a melleket. felül. a rakottban, bőrös felével lefelé - álljon távol, mert kifröccsen a zsír. Süssük 8 percig, vagy amíg a bőre barna és ropogós nem lesz. Fordítsd meg a darabokat, és süsd még 3 percig a nagyon ritka mellekhez, amelyek a sütőben pihentetve kicsit tovább sülnek. Ha azt szeretné, hogy a hús egy kicsit jobban átsüljön, tartsa a szegyeket az edényben akár 2 percig tovább. (Főzz tovább, és nagyon jól sülnek el, ami nem a legjobb kacsamellhez.)

Vegye ki a melleket az edényből, és tegye rá egy alufóliára. A melleket lazán letakarjuk alufóliával, és tepsire téve a sütőbe tesszük pihenni, és 5 percig sütjük. (Itt az ideje a saláta elkészítésének.)

Öntsük le az edényből szinte az összes zsírt (csak egy-két teáskanál maradjon az edényben), és tegyük az edényt közepes lángra. Amikor a zsír meleg, belekeverjük a balzsamecet, a mézet és a lime levét, valamint a fóliacsomagban összegyűlt kacsaleveket, és kevergetve 1 percig főzzük. Tegye vissza a melleket az edénybe, és melegítse újra körülbelül 30 másodpercig mindkét oldalon.

A kacsát felszeleteljük, és a szósszal meglocsolva tálaljuk.

4 ADAGOT készít

SZOLGÁLÓ

Helyezze a melleket egy vágódeszkára, és mindegyik mellet átlósan ½ hüvelyk vastag szeletekre vágja. Meglocsoljuk mártással és azonnal tálaljuk. A kacsát általában csak salátával tálalom - frizé vagy rukkola -, de ha nincs 20 perces időbeosztásod, akkor jó lenne hozzáadni vagy húslevesben buggyantott burgonyát ([>]) vagy fél adag endívia, alma és szőlő ([>]) minden csempéhez.

TÁROLÁS

Ha maradt kacsa, jól becsomagolva hűtőszekrényben akár 2 napig is eltartható; salátákban vagy szendvicsekben használd. Vékony csíkokra szeletelve ízt, állagot és kiadósságot ad a leveseknek.

Kacsamell friss őszibarackkal

A FRANCIÁKNAK SZÁZ MÓDJA VAN a kacsamell mártogatására, szinte mindegyik édes, sós és gyümölcsös, és szinte mindegyik nagyon jó. Ez a recept, amit első francia barátomtól, Anne Noblet-től kaptam, aki bátyja, Hervé barátjától, Françoise Maloberttől kérte, valóban édes (méz és portói), sós (balzsamecet, fehérborecet és kakukkfű). , és gyümölcsös (barack), és nagyon-nagyon jó. Ez is egyszerű, és a legjobb kacsamell receptekhez hasonlóan finomabbnak és időigényesebbnek tűnik, mint amilyen – mindig ügyes trükk. Amikor megkaptam a receptet, azt mondtam magamnak, hogy csak a nyár közepén fogom elkészíteni, amikor az őszibarack a legtökéletesebb, és a szezon végén feladom a receptet, ez az ötlet helyesnek tűnt. , felelősségteljes és kulinárisan jó. De annyira szerettem a szószt, hogy soha nem tettem le a receptet; ehelyett más gyümölcsöket és gyógynövényeket találtam, amelyekbe az évszakok váltakozásával könnyen belesimulhattam. Lásd a Bonne Idée-t néhány példáért.

2	nagy kacsamell, lehetőleg Moulardból, vagy 4 kis kacsamell (összesen kb. 2 font), szobahőmérsékleten
	Só és frissen őrölt bors
1	szál kakukkfű
3	gerezd fokhagyma, enyhén összetörve, hámozatlan
4	érett, de még kemény őszibarack, meghámozva, félbevágva és kimagozva
1	egy teáskanál mézet
2	egy evőkanál rubinport
2	evőkanál balzsamecet
2	evőkanál fehérborecet
1½	evőkanál hideg sótlan vaj, 4 részre vágva
	Friss kakukkfű levél, díszítéshez (elhagyható)

Melegítsük elő a sütőt 250 F fokra.

Éles késsel keresztben vágja be a kacsa bőrét, mélyen belevágva a zsírrétegbe, de ügyeljen arra, hogy a hús ne kerüljön ki. A kacsamelleket mindkét oldalukon sózzuk, borsozzuk.

Melegíts fel egy holland sütőt közepesen magas hőfokon. (A melleket megsüthetjük serpenyőben is, de egy rakott edény jobban megvédi a zsírt a kifröccsenéstől. Az öntöttvas rakott edény tökéletes.) Amikor az edénybe öntött néhány vízcsepp táncra perdül és gyorsan elpárolog, tedd rá a melleket. felül. a rakottban, bőrös felével lefelé - álljon távol, mert kifröccsen a zsír. Süssük 8 percig, vagy amíg a bőre barna és ropogós nem lesz. Fordítsd meg a darabokat, és süsd még 3 percig a nagyon ritka mellekhez, amelyek a sütőben pihentetve kicsit tovább sülnek. Ha azt szeretné, hogy a hús egy kicsit jobban átsüljön, tartsa a szegyeket az edényben akár 2 percig tovább. (Főzz tovább, és nagyon jól sülnek el, ami nem a legjobb kacsamellhez.)

Vegye ki a melleket az edényből, és tegye rá egy alufóliára. A melleket lazán letakarjuk alufóliával, és tepsire téve a sütőbe tesszük pihenni, és 5 percig sütjük.

Néhány evőkanál kivételével minden zsírt öntsünk le az edényről, és helyezzük az edényt közepes lángra. Dobd bele a kakukkfű ágat és a fokhagymát, dobd rá, hogy bevonja a zsírt, majd add hozzá az őszibarackot. Csökkentse a hőt, és óvatosan süsse az őszibarackot körülbelül 5 percig, vagy amíg aranybarna nem lesz. Helyezze az őszibarackot egy tányérra, és tartsa melegen (sütőben, ha szükséges); dobja ki a kakukkfüvet és a fokhagymát.

A fazékban lévő maradék zsírt leöntjük, és az edényt lassú tűzre tesszük. Adjunk hozzá mézet, és főzzük, amíg elolvad, körülbelül egy percig. Öntsük hozzá a portóit és az eceteket, és forraljuk fel. Sóval, borssal ízesítjük, csökkentjük a lángot, és habverővel erőteljesen hozzákeverjük a vajat darabonként, amíg sima mártást nem kapunk.

Nyissa ki a fóliacsomagot, és a kacsamellek körül összegyűlt levet öntse a szószba, keverje össze. Csúsztassa a kacsamelleket az edénybe, és fordítsa meg a szószban, mindkét oldalon körülbelül 30 másodpercig, hogy újra felmelegedjen.

A kacsát felszeleteljük, szósszal és őszibarackkal tálaljuk, ha szükséges, megszórjuk kakukkfűvel.

4 ADAGOT készít

SZOLGÁLÓ
Vágja át minden kacsamellet átlósan körülbelül ½ hüvelyk vastag szeletekre. A darabokat tálalótányérokra tesszük, rákanalazzuk a szószt, és a hús körül elrendezzük az őszibarack feleket. A kacsát és az őszibarackot szórjuk meg kakukkfűlevéllel, ha használunk, és azonnal tálaljuk.

TÁROLÁS
Az étel gyorsan elkészül, és à la perc alatt készen kell lennie. Ha azonban ezzel szeretnél előrébb lépni, akkor akár egy nappal korábban elkészítheted a szószt, fedős edénybe öntheted, és tálalásig hűtőbe tesszük, amikor már az edényben felmelegítheted. Ha maradt kacsánk, csomagolja be jól, és tegyük hűtőbe – salátákba és szendvicsekbe kiváló (használd úgy, mint a maradék steaket).

JÓ ÖTLET
A recept fő összetevőinek megváltoztatása nélkül elkészítheti ezt az ételt a gyümölcsök évszakonkénti variálásával. Kora ősszel cserélje ki az őszibarackot friss fügére; később ősszel használjon kis körtét (például Seckel körtét – csak győződjön meg róla, hogy átérik) vagy kemény Fuyu datolyaszilva szeleteket. Télen az aszalt gyümölcsök, például az aszalt szilva, a füge vagy a sárgabarack finomak, amíg igazán puhák – ha eleinte kemények, érdemes rövid ideig párolni. És késő tavasszal használhatja a málnát. Ha a bogyók mellett dönt, fontolja meg a bogyós ecet helyettesítését a fehérborecettel.

Serpenyőben sült kacsamell kumquattal

A DUCK A L'ORANGE, a naranccsal sült DUCK a hagyományos elegáns francia konyha egyik nagy klasszikusa. Míg az 1950-es, 60-as években ez volt az egyik mérce, amihez Amerikában a komoly házi szakácsok mérték össze magukat, addig ma Franciaországban vagy az Egyesült Államokban szinte soha nem készítik otthon, éttermekben pedig ritkán.

Egy félelmetes étel – egy egész kacsát és sok zsírt kellett elfogadni –, lehet, hogy elvesztette vonzerejét, de a kacsa és a narancs kombinációja túl jó ahhoz, hogy ne éljünk tovább, ezért itt egy kezelhetőbb változat. Ez a változat kacsát és narancsot is tartalmaz, de csak a húsos mellét tartalmazza, és felerősíti a citrus ízét a kumquat, a narancs kisebb, egzotikusabb és savasabb rokonának használatával. Remek kiegészítője a borból, ecetből, alaplé ből és zúzott fűszerekből készült szósznak.

A hatékonyság növelése érdekében a kumquatokat cukrozhatjuk, és néhány nappal korábban elkészíthetjük a szószt.

KUMQUATHOZ

1	egy csésze vizet
½	egy csésze cukrot
12	kumquat, mindegyiket keresztben 4 szeletre vágjuk és kimagozzuk

SZÓSZ

1½	egy csésze vörösbor (itt jól működik a gyümölcsös bor)
3	evőkanál balzsamecet
3	kis medvehagyma, durvára vágva
15	szemes fekete bors, törve
8	koriandermag, összetörve
¾	egy csésze friss narancslé
2	egy csésze csirkehúsleves
3	egy evőkanál kumquat szirup (forrásban lévő kumquatból)

Só és frissen őrölt bors

KACSEMELLHEZ

2 nagy kacsamell, lehetőleg Moulardból, vagy 4 kis kacsamell (összesen kb. 2 font), szobahőmérsékleten

Só és frissen őrölt bors

Darált fekete bors, díszítéshez

A KUMQUAT ELKÉSZÍTÉSÉHEZ:Forraljuk fel a vizet és a cukrot egy kis lábasban, kevergetve, hogy a cukor feloldódjon. Hozzáadjuk a kumkvatokat, csökkentjük a hőt, hogy a szirupot lassú tűzön főzzük, és körülbelül 10 percig főzzük, amíg a kumkvat puha és áttetsző lesz. Tedd félre hűlni. (A kumkvatokat akár 5 nappal előre is elkészíthetjük, és lezárt edényben hűtőszekrényben tárolhatjuk; használat előtt melegítsük fel szobahőmérsékletre.)

A SZÓZS ELKÉSZÍTÉSÉHEZ:Helyezze a bort, a balzsamecetet, a medvehagymát, a borsot és a koriandert egy közepes lábasba, forralja fel nagy lángon, és főzze, amíg a folyadék a felére csökken. Adjuk hozzá a narancslevet, forraljuk vissza a keveréket, és főzzük 5 percig. Adjuk hozzá a csirkehúslevet, forraljuk fel, és főzzük tovább, amíg körülbelül 2 csésze folyadék nem lesz. Szűrjük le a szószt, és tegyük félre, amíg elkészítjük a kacsamelleket. (A mártást lefedve 2 napig hűtőben tárolhatod.)

A KACSA SÜTÉSE: A sütőt előmelegítjük 250 F-ra.

Éles késsel keresztben vágja be a kacsa bőrét, mélyen belevágva a zsírrétegbe, de ügyeljen arra, hogy a hús ne kerüljön ki. A kacsamelleket mindkét oldalukon sózzuk, borsozzuk.

Melegíts fel egy holland sütőt közepesen magas hőfokon. (A melleket megfőzhetjük serpenyőben is, de egy rakott edény segít jobban felfogni a kifröccsenő zsírt. Az öntöttvas rakott edény tökéletes.) Amikor az edénybe öntött pár csepp víz táncol és gyorsan elpárolog, tedd bele a melleket. . rakott bőrös felével lefelé – álljon távol, mert a zsír kifröccsen. Süssük 8 percig, vagy amíg a bőre barna és ropogós nem lesz. Fordítsd meg a darabokat, és süsd a húsos oldalon további 3 percig, mert nagyon ritka mellek, amelyek kicsit tovább sülnek, ahogy pihennek a sütőben. Ha azt szeretné, hogy a hús egy kicsit jobban átsüljön, tartsa a szegyeket az edényben akár 2 percig tovább. (Főzz tovább, és nagyon jól sülnek el, ami nem a legjobb kacsamellhez.)

Vegye ki a melleket az edényből, és tegye rá egy alufóliára. A melleket lazán letakarjuk alufóliával, és tepsire téve a sütőbe tesszük pihenni, és 5 percig sütjük.

Körülbelül egy evőkanál zsírt öntsünk le az edényből, és helyezzük az edényt közepes lángra. Adjuk hozzá a szószt, forraljuk fel, majd keverjük hozzá 3 evőkanál kumquat szirupot. Nyissa ki a fóliacsomagolást, és öntse a kacsamellek körül összegyűlt levet az edénybe. Hagyja újra felforrni a szószt; só és bors ízlés szerint. Tegye vissza a melleket az edénybe, és fordítsa meg a szószban, hogy felmelegedjen, mindkét oldalon körülbelül 30 másodpercig.

Szeletelje fel a kacsát, és tálalja a szósszal és a kandírozott kumquattal; a kacsát tört borssal díszítjük.

4 ADAGOT készít

SZOLGÁLÓ
Vágja át minden kacsamellet átlósan körülbelül ½ hüvelyk vastag szeletekre. Tegye a szeleteket külön tányérokra, öntsön egy kevés szósszal minden mellét, szórja meg kandírozott kumquattal, és szórja meg mindegyik mellét egy kevés tört fekete borssal. Azonnal tálaljuk.

TÁROLÁS
A kumquatot és a szószt néhány nappal korábban elkészítheti. Ha maradt kacsánk, csomagolja be jól, és tegyük hűtőbe – salátákba és szendvicsekbe kiváló (használd úgy, mint a maradék steaket).

MARHA-, borjú-, sertés- és bárányhús

Marha-, borjú-, sertés- és bárányhús

MARHA- ÉS BORJÚHÚS
Bistrot Paul Bert paprika steak[>]
Cafe Salle Pleyel Hamburger[>]
My Go-to Beef Daube[>]
Marhapofa daube sárgarépával és könyökmakarónival[>]
Boeuf à la Ficelle (marha a húron)[>]
Boeuf à la Mode *(más néven Great Pot Roast)*[>]
Rövid bordák vörösborban és portóiban[>]
Hachis Parmentier[>]
Másnapi marhasaláta[>]
Zöld-tavaszi borjúpörkölt[>]
Borjúhús marengo[>]
Borjúszelet rozmaringos vajjal[>]
Osso Buco à l'Arman[>]

SERTÉSHÚS

Friss narancssárga sertés szűzpecsenye[>]
Kókuszos-citromfűben párolt sertéshús[>]
Svájci mángollal töltött sertéssült[>]
Sertéssült mangóval és licsivel[>]
Kólás és lekváros rúd[>]

BÁRÁNY
Navarin Printanier[>]
Párolt kardamomos-curry bárány[>]
Bárány és szárított sárgabarack Tagine[>]

Bistrot Paul Bert paprika steak

A BISTROT PAUL BERT AZ EGYIK KEDVENC párizsi családi éttermem. Pont a megfelelő nyüzsgés és nyüzsgés van benne, és olyan érzés, mintha mindenki álmából lett volna kiragadva arról, hogy milyennek kell lennie a tökéletes francia bisztrónak, vörös bőr bankettekkel és egy nagy, horganyzott tányérral és borral kiegészített fabárral. egy lista, amit sokkal-sokkal felkapottabb éttermek irigyelnének. A legfontosabb, hogy az étel nagyszerű. Bertrand Auboyneau tulajdonos és felesége, akinek családja harmadik generációs osztrigatenyésztők Bretagne-ban, kistermelőket és termelőket keresnek, ismerik minden beszállítójukat, szeretnek mindent, amit szolgálnak, és nem félnek elmondani véleményüket. mit kell enni és inni és hogyan. Bár a menü a táblán naponta változik, a szlogen nem: Ici les viandes sont servees bleues, saignantes, ou malcuites. Fordítás: A húst kéken [középen alig melegen] tálaljuk, ritka vagy alulsütve! Ez nem azt jelenti, hogy nem lehet jól sikerült steaket kapni Paul Bertnél; ez csak azt jelenti, hogy hozzáállással jár.

De ha szereti a marhahúst (bármilyen készre főzve), akkor imádni fogja, ahogy a Bistrot felszolgálja a paprika steakjét. Bertrand filét, vagy bélszínt használ (bár a főzési mód és a csodás szósz más vágásoknál is működik - én gyakran használom nem túl sűrű bordás steak mellé), őrölt borsot szór rá, serpenyőben sül, konyakból és tejszínből gyors szószt készít. A recept megadásakor azt írta, hogy a krém legyen sűrű és "a legközelebbi farmról származzon". És a Bertrand krém valóban egy Párizson kívüli farmról származik.

    Körülbelül 1 evőkanál szemes fekete bors, lehetőleg Sarawak bors (ezt használja Paul Bert; lásd a forrásokat[>]) vagy szemes bors keveréke
4 1-1,5 hüvelyk vastag mignon filé szobahőmérsékleten
1 evőkanál enyhe olaj (pl. szőlőmag vagy repce)
½ egy evőkanál sótlan vajat
¼ egy csésze konyak vagy más pálinka (igény szerint egy fröccs)
½ csésze nehéz tejszín

    só

A szemes borsot durvára kell törni – a mozsár és mozsártörő használata gyors és egyszerű. Ha nincs, tegyük konyharuhába a szemes borsot, hogy ne repüljenek, és üssük meg néhányszor egy nehéz serpenyő aljával vagy a kés sarkával, hátával. Minden steak mindkét oldalára szórjunk szemes borsot, és nyomkodjuk a húsba a tenyerünkkel.

Egy vastag fenekű serpenyőt tegyünk erős lángra - én öntöttvas serpenyőt használok -, és adjuk hozzá az olajat és a vajat. Ha a vaj elolvadt, csúsztassa bele a steakeket, és főzze 2-3 percig a ritka steakekhez, vagy egy percig vagy tovább, ha jobban szereti a marhahúst. Fordítsuk meg és hagyjuk még 2-3 percig a serpenyőben ülni, majd tegyük meleg tányérra, és lazán takarjuk le egy fóliasátorral.

Öntse le az összes zsírt a serpenyőben, de a steak darabokat hagyja az aljára ragadva; hagyja hűlni a serpenyőt körülbelül egy percig. Most döntenie kell: felgyújtja-e a konyakot, vagy csak hagyja felforrni. Ha úgy döntesz, hogy meggyújtod, öntsd a serpenyőbe, állj hátra, és tégy egy gyufát a konyakra. Miután a lángok kihunytak, keverjük meg, hogy a serpenyőben lévő húsdarabkákat felkapjuk. Ha csak a konyakot szeretnénk felforralni, tegyük közepes lángra a serpenyőt, öntsük bele a konyakot, és hagyjuk forrni, amíg majdnem elpárolog. kaparja fel a serpenyőhöz ragadt steaket.

Miután lecsökkentette a konyakot, csökkentse a lángot, és hozzáadja a tejszínt. Forgassa meg a serpenyőt, és hagyja, hogy a krém finoman buborékoljon 2-3 percig. Most Bertrand azt mondja: "Óvatosan sózd meg és minden!" És lehet, de ha egy kicsit erősebb konyakízre vágyunk, akkor keverjünk bele még 1 teáskanálnyit, amikor levesszük a serpenyőt a tűzről.

A szószt a steakekre kanalazzuk, és azonnal tálaljuk.

4 ADAGOT készít

SZOLGÁLÓ
Helyezze a steakeket meleg tányérokra, kanalazzuk rá a szószt, és irány az asztal. Paul Berti bisztró steaket sült krumplival (lásd a dobozt), ami mindig jó ötlet, de további jó ötletek közé tartozik a sós

édesburgonya far ([>]), zeller gyökérpüré ([>]), egyszerű párolt burgonya ([>]) vagy valami párolt és zöld.

TÁROLÁS
Itt nincs vállalkozás, és általában nincs maradék.

JÓ ÖTLET
Bistrot Paul Bert Steak à la Bourguignonne. A steak vörösboros szószban fokhagymával és medvehagymával a bisztró-klasszikus, különösen akkor, ha a hús akasztós steak, egy izmos, telt ízű szelet, amelyet a legjobb főzni ritkán. Ez a technika és a szósz jól használható bordaszemű vagy csont nélküli New York-i csíkos steak és filet mignon mellé is. A steakeket sózzuk, borsozzuk (őrölt borssal ne takarjuk be), és úgy sütjük, mint a paprikás steak-et. Miután lecsöpögtette a zsírt és kihűtötte a serpenyőt, adjunk hozzá 1 evőkanál sótlan vajat. Helyezzük a serpenyőt közepes lángra, és amikor a vaj elolvad, adjunk hozzá 1-2 gerezd fokhagymát és 1-2 darált medvehagymát (ízlés szerint), és főzzük, amíg megpuhul, körülbelül 3 percig. Öntsön hozzá ⅔ csésze száraz vörösbort, emelje fel a hőt, és forralja fel a bort, amíg a felére csökken. Ha pihentetés közben lé gyűlik össze a steak körül, öntsük a szószba. Kívánt esetben keverjünk bele 1 evőkanál hideg, darabokra vágott vajat, amikor levesszük a tűzről. A mártást a steakre kanalazzuk.

les frites

Az otthoni krumplival való kapcsolatomról a legkedvesebb az az, hogy bonyolult. Amikor tizenhárom éves voltam, és felgyújtottam a szüleim konyháját, megpróbáltam sült krumplit készíteni. És amikor elkezdtem főzni francia szakácsokkal, valahányszor a legjobb sült krumpli receptjét kértem, annyira bonyolulttá tették az egész folyamatot, hogy már az első burgonya meghámozása előtt felcsillant a szemem. De aztán Bertrand Auboyneau, a Bistrot Paul Berttől elküldte nekem a steak és krumpli receptjét, és minden világossá vált.

"A jó krumpli elkészítésének két titka van" - írta: "Válassz jó burgonyát, és soha ne hagyd, hogy vízben üljön."

A legtöbbünk számára Amerikában a "jó krumpli" Idaho (orosz). Süthetsz Yukon Golds-t vagy akár édesburgonyát is, de az idahoi burgonya áll a legközelebb a hasábburgonyához.

Ami pedig azt illeti, hogy hagyjuk őket a vízben ülni – ne! A burgonyát a főzési idő előtt meghámozzuk, majd szárítjuk. Ha szükséges, öblítse le őket, de sütés előtt győződjön meg róla, hogy teljesen megszáradt

Most pedig a steak. . . Bertrand nem titkolta a kétlépcsős sütési módszerét, mert az ászsütőknél szokásos működési eljárásnak számít.

Az első lépésben a burgonyát olajban, viszonylag alacsony hőmérsékleten, 325 F-on megsütjük, így szinte teljesen megfőtt (az al dente tésztának kell megfelelnie), de nem barnul meg. olajban blansírozzuk. A burgonyát blansírozzuk le, szűrjük le jól, és hagyjuk kihűlni. Ezt megteheti néhány órával azelőtt, hogy készen állna a végső sültre.

A második lépést a tálaláskor kell megtenni: hevítsük fel az olajat 375 F-ra, és süssük (száraz) a blansírozott burgonyát, amíg meg nem fő, szép barna és ropogós nem lesz.

"Ezek után - írta Bertrand - tedd őket egy papírtálba száradni, sózd meg és tálald."

És itt van az én két centem: 1) Győződjön meg arról, hogy olyan típusú olajat használ, amely elviseli a sütés hőjét: a mogyoró- vagy a repceolaj jó; és 2) Ne zsúfolja össze az edényt – kis adagokban süsse, hogy az olaj hőmérséklete a lehető legegyenletesebb legyen.

Voálá! Tudom, hogy nem túl jó recept, de kövesd, és a sült krumpli remekül fog sikerülni.

Cafe Salle Pleyel Hamburger

AMIKOR BARÁTOM, HÉLÈNE SAMUEL, aki létrehozta a mesés kávézót a nemrég felújított párizsi Salle Pleyel koncertteremben, úgy döntött, hogy felveszi az étlapra a hamburgert, sokat gondolkodott ezen. Tudta, hogy egy amerikai ikonnal játszik, és meg akarta tisztelni, de azt is szerette volna, hogy ez érthetővé és vonzóvá tegye francia vendéglői számára, akik szinte mindig a „McDonald's"-ra gondolnak, amikor meghallják a hamburger szót. Végül ő és séfje, Sonia Ezgulian arra az évre olyan hamburgert talált ki, amelyet minden vörösvérű amerikai szívesen félreül, és minden francia ínyenc szívesen beleegyezik a hazájába. Van benne szezámmagos zsemle és kapros savanyúság, valamint nagyon francia fűszerkeverék: kapribogyó, uborka, tárkony és aszalt paradicsom (kinek kell ketchup?); lilahagyma lekvár; és néhány szelet parmezán az amerikai sajt helyett - se nem francia, se nem amerikai, de pont a marhahúshoz illik. Itthon gyakran a saját gyorsan pácolt uborkámmal tálalom a hamburgert ([>]).

Nem kellett sok idő ahhoz, hogy a hamburger a kávézó bestsellerévé és a média kedvencévé vált. Hélène olyan elterjedt őrületbe kezdett, hogy stílustörténetként felkerült a New York Times oldalaira, és Hélène egyik megjegyzését választották a lap "A nap idézetének". Arra a kérdésre, hogy miért volt olyan népszerű a hamburger Párizsban, azt válaszolta: "Tiltott, tiltott, sőt felforgató íze van." Ugyanolyan könnyen mondhatta volna: "Mert olyan finom", de közel sem lett volna idézhető.

HAGYMALEKÉRBŐL

1 közepes vöröshagyma, apróra vágva
1 egy csésze vizet
1 egy teáskanál őrölt koriander
1 egy evőkanál sótlan vajat

Só és frissen őrölt bors

BURGEREKHEZ

Körülbelül ⅓ csésze olajban csomagolt szárított paradicsom, lecsepegtetve és durvára vágva vagy szeletelve
¼ csésze lecsepegtetett kapribogyó
6 cornichons
¼ egy csésze friss tárkonylevél
½ egy csésze friss petrezselyemlevél
1½ lb. darált marhahús, lehetőleg hátszín vagy bélszín/csirke keverék, szobahőmérsékleten

Só és frissen őrölt bors

1 egy evőkanál szőlőmagolaj vagy mogyoróolaj
2 uncia parmezán, zöldséghámozóval szalagokra vágva (kb. ½ csésze)

SZOLGÁLATHOZ

4 hamburger zsemle szezámmaggal, pirítva
2 kapros savanyúság, zöldséghámozóval hosszában csíkokra vágva

Ketchup (nagyon választható)

A hagymalekvár elkészítéséhez: Keverje össze a hagymát és a vizet egy kis edényben. Adjuk hozzá a koriandert és a vajat, sózzuk, borsozzuk, és forraljuk fel. Csökkentse a hőt közepesen alacsonyra, és lassú tűzön, rendszeres keverés mellett forralja körülbelül 20 percig, vagy amíg a keverék puha és pépes lesz; körülbelül ⅓ csésze lekvárt kapsz. A lekvárt kaparjuk egy tálba, fedjük le műanyag fóliával és tegyük félre. (A lekvárt legfeljebb 2 nappal korábban elkészítheti, és szorosan lefedve hűtőszekrényben tárolhatja; használat előtt melegítse szobahőmérsékletre.)

A BURGERK ELKÉSZÍTÉSE: Mini robotgéppel és pulzáló gombbal aprítsd fel a paradicsomot, a kapribogyót, az uborkát, a tárkonyt és a petrezselymet. (Vagy kézzel, nagy szakácskéssel aprítsuk fel a hozzávalókat.) Tegyük a marhahúst egy nagy tálba, kaparjuk a tetejére a paradicsomos keveréket, és ízesítsük sóval, borssal (a kapribogyónak és a kavicsnak lehet elég sója). Keverje össze mindent könnyedén a kezével, majd formázzon a keverékből 4, körülbelül ¾ hüvelyk vastagságú pogácsát.

Válasszon egy nagy, vastag fenekű serpenyőt (itt az öntöttvas remek), öntsön olajat, és tegye közepes lángra. Amikor az olaj nagyon forró, csúsztassa meg a hamburgert. (Alternatív megoldásként sütheti rácson vagy grillen – ezt tegye, és nincs szüksége olajra.) A hamburgereket mindkét oldalukon 2 percig süssük, ha azt szeretnénk, hogy ritka legyen (a franciák jobban szeretik), 3 percig, ha akarjuk. közepesen átsütve. Ha szereti a hamburgereket, tovább főzheti őket, de ezek a hamburgerek nem tartalmaznak sok zsírt, így kissé szárazak lehetnek, ha a közepeset vagy a ritkát kedveli. Egy tálra tesszük, és azonnal megszórjuk sajttal.

A zsemlealapokat megkenjük egy kis hagymalekvárral, és elosztjuk közöttük a kapros savanyúságot. Tegye a hamburgert a savanyúságra, és zárja le a szendvicseket. Ízlés szerint ketchuppal tálaljuk.

4 ADAGOT készít

SZOLGÁLÓ
A Cafe Salle Pleye Heinz ketchupot szolgált fel hamburgerrel, de csak igény szerint, és mint kiderült, ritkán - a hagymalekvárral, savanyúsággal és remek ízű hamburgerekhez nem is kellett sok más.

TÁROLÁS
A hagymalekvárt néhány nappal korábban elkészítheti, és lefedve, hűvös helyen tarthatja; ugyanez az aszalt paradicsomos keverékkel.

My Go-to Beef Daube

MINDENKINEK KELL EGY NAGY MARHAPÁRCSRA a főzés hátsó zsebébe, és ez az enyém. Elkészítése meglehetősen klasszikus – a húst megpirítják, egy erős fazékba halmozzák, és lassan megpirítják sok vörösborral, egy csipetnyi pálinkával és hagymával, fokhagymával, sárgarépával és egy kis csokor fűszernövényekkel, hogy a húst tartósítsák. vállalat. Kívül-belül kanálpuha, édes és boros, fényes a dédnagymama gardróbjának színe.

Ezt az ételt daube-nak hívom, ami azt jelenti, hogy borban főtt pörkölt, és azt is jelenti, hogy daubière-ben vagy mélyedényben készült, esetemben zománcozott öntöttvas holland sütőben. Egy francia barát azonban elfogadta a nevet, és azzal érvelt, hogy amit készítek, bár très délicieuse, de nem daube, hanem boeuf aux carottes, vagyis marhahús és sárgarépa. Nem téved, de én makacsul ragaszkodom a daube-hoz, mert ez ad mozgásteret.

Ehhez a pörkölthöz az első választásom a chuck, amit egészben veszek, és magam is 2-3 hüvelykes kockákra vágom. Mivel a hús lassan sül és megpuhul, jó, ha nagyobb darabok vannak – nagyobbak, mint a általában pörköltbe vágottak –, amelyek jobban megtartják az alakjukat. (Ha van hentes, a boltban kérheti a hús feldarabolását.) Kedvencem a krumplipüré ([>]), zeller gyökérpüré ([>]), vagy spaetzle ([>]).

Ha tömegeket szolgálunk fel, akkor biztosan megduplázhatjuk a receptet, de ha egy tucatnál többet adunk, azt javaslom, hogy a tálat osszuk el két edény között, vagy tegyük egy nagy serpenyőbe, és keverjük meg. hajtsd össze, amíg a sütőben van.

KÉSZEN ÁLL: Tekintse meg a Tárolás részt, hogy megtudja, hogyan kell tölteléket készíteni – ez jó ötlet.

4	vastagra vágott bacon szeleteket, keresztben 1 hüvelyk széles darabokra vágva
1	3½ kilós marhasült, a zsírt és az összes inát eltávolítva, 2-3 hüvelykes kockákra vágva
2	evőkanál enyhe olaj (pl. szőlőmag vagy repce)
	Só és frissen őrölt bors

2	sárgahagyma vagy 1 spanyol hagyma, negyedelve és vékonyra szeletelve
6	medvehagyma, vékonyra szeletelve
1	fokhagyma fej, vízszintesen hasítva, csak a laza papíros héjat távolítjuk el
	kockára vágott sárgarépa, vágva, meghámozva,
1½	keresztben és hosszában félbevágva vagy félbevágva, vastagságtól függően
½	paszternák, vágva, meghámozva, keresztben és hosszában negyedelve (opcionális)
¼	egy csésze konyakot vagy más pálinkát
1	750 ml-es üveg gyümölcsös vörösbor (tudom, hogy ez szentségtörőnek hangzik, de a Central Coast Syrah nagyszerű itt)
	Csomó Garni - 2 szál kakukkfű, 2 ág petrezselyem, 1 ág rozmaring és 1 szál zellerlevél egy darab megnedvesített sajtkendővel összekötve

Állítsa középre a sütőrácsot, és melegítse elő a sütőt 350 F-ra.

Helyezze a holland sütőt közepes lángra, és dobja bele a szalonnát. Kevergetve főzzük, amíg a szalonna megpirul, majd tegyük át egy tálba.

Papírtörlő között szárítsa meg a marhahúst. Egy edényben a szalonnassírhoz adjunk 1 evőkanál olajat, és közepes-nagy lángon hevítsük, majd a marhahúst minden oldalról adagonként pirítsuk meg. Ne zsúfolja össze az edényt – ha túl sok darabot próbál egyszerre főzni, akkor inkább megpárolja, mintsem megbarnítja a húst – és ügyeljen arra, hogy minden darab jó színt kapjon. A megpirított húst a szalonnával együtt tálba tesszük, és enyhén sózzuk, borsozzuk.

Az edényben leöntjük az olajat (az alján maradt megbarnult darabokat ne távolítsuk el), hozzáadjuk a maradék evőkanál olajat, és közepes lángon felhevítjük. Adjuk hozzá a hagymát és a medvehagymát, enyhén sózzuk, borsozzuk, és kevergetve főzzük, amíg a hagyma megpuhul, körülbelül 8 percig. Dobd bele a fokhagymát, a sárgarépát és a paszternákot, ha használsz, és jól dobd bele, hogy az összes hozzávalót bevonja egy kis olajjal. Öntsük hozzá a pálinkát, emeljük fel a lángot, és jól keverjük össze, hogy meglazuljon minden, ami az edény aljára tapadhat. Hagyja egy percig forrni a pálinkát, majd tegye vissza a marhahúst és a szalonnát az edénybe, öntse fel a bort és dobjon bele egy csokor garnit. Az egészet újra jól keverjük össze.

Amikor a bor felforr, szorosan fedjük le az edényt egy darab alufóliával és fedjük le. Told be a tésztát a sütőbe, és hagyd 1 órát zavartalanul.

Vegyük ki az edényt a sütőből, vegyük le a fedőt és a fóliát, és keverjük át egyszer. Ha úgy tűnik, hogy a folyadék jelentősen csökken (nem valószínű), adjon hozzá annyi vizet, hogy ellepje az összetevőket. Fedjük le az edényt ismét alufóliával és fedővel, tegyük vissza a sütőbe, és süssük további 1,5 órán át (a teljes idő 2½ óra). Ezen a ponton a húsnak villára puhának kell lennie - ha nem, hagyja a sütőben további 30 percig.

Kóstolja meg a szószt. Ha kicsit töményebbre szeretnéd (általában szerintem így is jó), akkor öntsd egy lábasba, tedd erős lángra, és főzd addig, amíg tetszik. Ha már a mártás kedvünkre való, sózzuk, borsozzuk. (Ha csökkenteni akarjuk a szószt, addig ne sózzuk, amíg le nem fogy.) Olajozza meg a csokrot és a fokhagymát, majd egy nagy adagolókanállal távolítsa el a zsírt a felületéről.

A marhahúst és a zöldségeket mártással megnedvesítve tálaljuk.

6 ADAGOT készít

SZOLGÁLÓ
Ehhez a pörkölthöz szívesen használok sekély levestányérokat vagy kis öntöttvas serpenyőt. A masszát kanalazzuk kis ramekinekbe, és hagyjuk, hogy minden vendég beleásson egyet.

TÁROLÁS
Mint minden pörkölt, ez is körülbelül 3 napig tárolható hűtőszekrényben, vagy 2 hónapig a fagyasztóban. Ha elkészítjük a tésztát, a szószt ne redukáljuk, hanem a tésztát lehűtjük és hűtőbe tesszük. Ezután tálaláskor lefölözzük a zsírt (könnyű munka, ha a növény kihűlt), csökkenteni kell a szószt, és utoljára fűszerezzük.

MY GO-TO BEEF DAUBE [PAGE 244]

Marhapofa daube sárgarépával és könyökmakarónival

Évekig szerettem a BEEF CHEEKS-T AZ ÉTTEREMBEN, mire vettem egy párat és elkészítettem magamnak. Miért lepődtem meg annyira, hogy tényleg nagyok? A nevük aranyos volta arra késztetett, hogy azt gondoljam, kis húsgombócok. Csak amikor kiemeltem őket a piaci táskámból és felraktam a vágódeszkára, akkor gondoltam, hogy persze nagyok - a tehenek nagyok! És ezeknek az orcáknak az íze olyan nagyszerű, mint a méretük. Elsőrendű kiadós, gazdag, földes étel, még akkor is, ha Franciaországban és Amerikában néhány divatos szakács a preferált hozzávaló státuszát adta neki.

Az egyik ilyen séf Yves Camdeborde, a Michelin által képzett párizsi séf, aki a neobistro őrület elindítója. (A Neobistro-k hétköznapi megjelenésűek, alacsonyak, az ételek ugyanolyan minőségűek és finomak, mint azok a high-end éttermek, ahol eredetileg az összes neobistro séf főzött.) Camdeborde, amelynek Le Comptoir Bistro-ját hónapokkal korábban lefoglalták, ezeket megtartja. párolt marhapofa egész évben az étlapon – annyira szeretik, hogy még a nyár csúcsán sem lehet megvakarni.

A Camdeborde's Daube-nek két szép feltétje van: csokoládé és macaron. A végén belekeverjük a csokoládét, és ez nem annyira meglepetés, mint rejtély – az ízét nem könnyű átvenni; a makaróni pont megfelelő és könnyebb, mint a várt burgonya.

Ha nem talál marhapofát – nem könnyű megragadni, mivel minden tehénnek csak kettő van, és Ön a környékbeli szakácsokkal versenyez értük –, vegyél egy darab tokmányt, vágj le minden nagyobb zsírdarabot. , és a húst négy részre vágjuk.

2 marhapofa (egyenként kb. 1 kiló) vagy 2 font csont nélküli marhaszelet, a felesleges zsírt levágva
3 egy evőkanál szőlőmagolajat vagy mogyoróolajat

Só és frissen őrölt bors

¾ font sárgarépát, megtisztítjuk, meghámozzuk és vékony szeletekre vágjuk

1 nagy hagyma, apróra vágva
3 szalonnacsíkokat, keresztben vékony csíkokra vágva
2 evőkanál univerzális liszt
½ egy csésze vizet
2 egy pohár gazdag vörösbor, például Syrah
1 csésze marhaalaplé (lehet konzerv vagy alaplékockából vagy marhaalap alapból)
½ egy kiló könyökmakaróni
¾ uncia étcsokoládé, finomra vágva

Állítsa középre a sütőrácsot, és melegítse elő a sütőt 325 F-ra.

Ha van marhapofája, vágja félbe; ha van tokmányod, vágd negyedekre a húst. Papírtörlő között szárítsa meg a húst.

Egy nagy holland sütőben vagy más fedős sütőedényben melegítsünk fel 2 evőkanál olajat nagy lángon. Amikor az olaj már majdnem csillog, hozzáadjuk a marhahúst. Nem szeretné összezsúfolni az edényt, így szükség esetén 2 adagban. A hús egyik oldalát jól megpirítjuk, körülbelül 3 percig, majd megfordítjuk és a másik oldalát is megpirítjuk. A húst kivesszük az edényből egy tálba, és jól ízesítjük sóval, borssal.

Öntse ki az olajat, és óvatosan törölje le az edény alját. Tedd az edényt alacsony lángra, és add hozzá az utolsó evőkanál olajat. Amikor meleg, adjuk hozzá a sárgarépát, a hagymát és a szalonnát, és főzzük gyakran kevergetve körülbelül 10 percig, vagy amíg a zöldségek majdnem megpuhulnak; sóval, borssal ízesítjük. A hozzávalókat megszórjuk liszttel, kicsit feltekerjük a hőt, és kevergetve kb 2 percig főzzük, hogy a liszt enyhén megpiruljon. lisztfilm van az edény alján, és ez rendben van. Felöntjük vízzel, és fakanállal keverjük össze, hogy az edény alján lévő csomók összeérjenek. Tekerjük fel a tüzet és forraljuk fel a vizet (gyorsan leforr), majd öntsük fel a borral és az alaplével és keverjük össze.

A húst visszatesszük az edénybe, hozzáadva a tálban felgyülemlett levet, és felforraljuk. Forraljuk néhány percig, majd fedjük le szorosan az edényt alufóliával, tegyük a fedőt a fólia tetejére, és toljuk be a sütőbe. Hagyja a tésztát zavartalanul párolni körülbelül 2 órán keresztül, vagy amíg a villa megpuhul.

Röviddel a tészta elkészülte előtt forraljunk fel egy nagy fazék sós vizet. Adjuk hozzá a makarónit, és főzzük készre, 3 percig. Vízelvezetés.

Ha kész a hús, kihúzzuk az edényt a sütőből, lefölözzük a tészta felületén felgyülemlett zsírt, és belekeverjük a csokoládét. Sóval, borssal ízesítjük, majd lassú tűzön felforraljuk.

Keverje hozzá a makarónit a tésztához, és fejezze be a főzést és tálalja.

4 ADAGOT készít

SZOLGÁLÓ
A Le Comptoir étteremben a daube-t saját kis öntöttvas holland sütőben vagy cocotte-ban szolgálják fel. Otthon vigye az asztalra holland sütőjét, és tálalja családi stílusban, vagy kanalazzon egyes adagokat sekély leveses tányérokba, majd az asztalra.

TÁROLÁS
Makaróni nélkül a tészta akár egy nappal előre elkészíthető, lehűtve és hűtőben tárolható; a többieknek csak jobb. Légmentesen lezárható és 2 hónapig fagyasztható is. Óvatosan és alaposan felmelegítjük, mielőtt hozzáadjuk a makarónit és tálaljuk.

Boeuf à la Ficelle (marha a húron)

EZ A KULCS VÁLASZTÁS a szilveszteri vacsoráimhoz, mert minden megtalálható benne, amire a parti étel osztályon szüksége lehet. Csodálatosan kielégítő, elegáns, általánosan értékelt (természetesen a húsevők között), bővíthető – húszra ugyanolyan könnyen megteheti, mint kettőre – és kilencven százalékig kiszámítható, tehát csak ennyi ideig kell távol lenni az akciótól. . néhány perccel közvetlenül tálalás előtt.

Az étel egy puhított, fényűző pot-au-feu, egy hagyományos egyedényes étel, amely általában több húslevesben főtt húst tartalmaz. Itt csak egy darab hús van, egy marha szűzpecsenye, amely konyhai zsinórral van megkötve, amelynek farka elég hosszú ahhoz, hogy megfogja, így kihúzhatja a marhahúst a húslevesből, és megfelelően "marha a tetején"-nek nevezheti az ételt. zsinór." Ebben a változatban egy maroknyi zöldség, csontból készült húslevesben buggyantott zöldség, és igen, néhány húsleveskocka. (Lásd a párizsi készítés történetét[>].) Előre elkészítjük a húslevest, ha lehet napokkal előre, és a zöldségeket is előre elkészíthetjük. Tálaláskor nem kell mást tenni, mint enyhén és óvatosan buggyanni a húst. És soha nem kell azon törődnie, hogy a vendégei ritka vagy jól sült húst akarnak-e: a marhahúst ritkábbra sütjük, pihentetjük, majd tálaláskor forró alaplevet öntünk a marhahús köré vagy a ritka szerelmesek számára, főzzük még egy kicsit, azoknak, akik jobban szeretik főzni a húsukat.

Hagyományosan a húslevest szolgálják fel az első fogásnak, a húst és a zöldségeket pedig a főételnek, de én a marhaszeleteket szívesen tálalom sekély leveses tányérokban, zöldségekkel körbevéve, és egy kis merőkanál húslevessel befejezve. Csak egy kis alaplével tökéletesen nedves és finom lesz az étel, így másnapra marad belőle a leves. Tulajdonképpen, ha már a visszatartásról beszélünk, a maradék marhahúsra is számíthatunk – másnapi marhasalátában csodálatos ([>]).

Ha meg akarja szaporítani az adagok számát, akkor ugyanannyi húslevest tartson, de a marhahús mennyiségének dupláját 12 adaghoz; hogy még többet tálaljon (én 26 fős vacsorához készítettem), akkor az alaplevet is meg kell duplázni, vagy a marhahúst adagonként pucolni.

Ha a marhahús még nincs átkötve, tegye meg otthon konyhai zsineggel. A keresztkötések tartják formában, miközben orvvadászik. Az étel nevét adó hagyományos zsinór elkészítéséhez hosszában kösse meg a marhahúst – a hosszirányú zsinórt bedughatja a keresztező zsinórok által alkotott csomók alá – és hagyjon szabadon egy hosszú szálat. Ezzel a zsinórral kihúzhatja a marhahúst a húslevesből.

HEVÉSEKÉRT
- 5 petrezselyem ágak
- 2 kakukkfű ágak
- 2 babérlevél
- 2 zellerszár levelekkel
- 2 evőkanál enyhe olaj (pl. szőlőmag vagy repce)
- 3 nagy borjú- vagy velőcsontok
- 1 ökörfark
- ¼ egy teáskanál cukrot

Körülbelül 5 liter víz

- 3 póréhagyma, csak sötétzöld részek (a fehér és világoszöld részeket tartalékoljuk), megmosva
- 2 sárgarépát vágva és keresztben félbevágva
- 1 fokhagyma fej, csak a laza papíros héjat távolítjuk el, vízszintesen hasítjuk
- 1 2 hüvelykes darab friss gyömbér, meghámozva és feldarabolva
- 1 csillagánizs (opcionális)
- 1 egy teáskanál fekete bors
- 2 marhahúsleves kockák
- 1 egy evőkanál paradicsompürét
- 1 egy evőkanál durva sót

ZÖLDSÉGEKHEZ ÉS MARHAHÚSHOZ
- 6 kis burgonya, meghámozva és félbevágva
- 6 kis fehérrépa, megvágva, meghámozva és félbe-felezve
- 6 sárgarépát meghámozva, meghámozva és keresztben félbevágva
- 1 font zellergyökér, levágjuk, meghámozzuk és 2 hüvelykes kockákra vágjuk

3 póréhagyma, fenntartott fehér és világoszöld részek, hosszában félbevágva, megmosva és 2 hüvelykes darabokra vágva
6 mogyoróhagyma, meghámozva és félbevágva
1,5 kilós marhabélszín, minden zsírt eltávolítva, zsinórral
1 átkötve (a madzag hosszú farkát meg kell hagyni), szobahőmérsékleten

SZOLGÁLATHOZ

Fleur de sel vagy más tengeri só

Dijon és szemes mustár, lehetőleg francia

Torma, lehetőleg frissen reszelve

Feketeborssal töltött borsdaráló

A LEVES ELKÉSZÍTÉSÉHEZ: Szedjük össze a petrezselymet, a kakukkfüvet és a babérlevelet, tegyük a zellerszárak közé, és kössük össze a köteget konyhai zsineggel.

Helyezzen egy nagy fazékot közepesen magas lángra, és adjon hozzá olajat. Hozzáadjuk a csontokat, az ökörfarkkot és a hagymát (ha az edény zsúfolása nélkül mindet bele tudjuk tenni, ha nem, akkor adagonként), megszórjuk cukorral, majd a csontokat és a hagymát megpirítjuk, szükség szerint kevergetve. Amikor az összes hozzávaló a lehető legmélyebben megpirult – még ha meg is feketedett –, tegyük ki egy tálba, öntsük ki, és dobjuk ki a zsírt.

Tegye vissza az edényt közepes lángra, és odébb állva öntsön egy-két csésze vizet az edénybe. Fa- vagy fémkanállal kaparja fel az edény alján lévő réseket – ez kifizetődő munka, mert minden színt és ízt megkap a ragadós darabkáktól, és a kaparás is jól tisztítja az edényt. Öntsük fel 4½ liter vízzel, és dobjuk bele az összes többi hozzávalót, beleértve a zellerszárat, a csontot, az ökörfarkot és a hagymát. Forraljuk fel a bugyborékoló habot lefölözve, majd vegyük le a lángot lassú tűzre, és fedő nélkül, gyakori lefölözéssel pároljuk 1 órán át.

Szűrje le a húslevest egy tálba, és dobja ki a szilárd anyagokat – elvégezték a dolgukat. *(Az alaplevet hűtőszekrényben tárolva legfeljebb*

3 napig, fagyasztóban legfeljebb 2 hónapig tárolhatjuk. Ha az alaplé kihűlt, leszedjük le róla a zsírt - felúszik a tetején.)

ZÖLDSÉGEK ÉS MARHAHÚS TÖLTETÉSE: Tegyük vissza a levest az edénybe, és forraljuk fel. Csökkentse a hőt, és adja hozzá a burgonyát, a fehérrépát, a sárgarépát és a zellert. 10 perc múlva hozzáadjuk a póréhagymát és a medvehagymát, és további 10 percig főzzük. Ellenőrizzük, hogy a zöldségek készek-e, és ha puhák, egy kanál segítségével emeljük ki őket a léből, és egy nagy tálba tesszük. Fedjük le, és tegyük félre, amíg a marhahúst sütjük. (A zöldségeket néhány órával előre megfőzhetjük, kevés alaplével megnedvesítjük, letakarva, készenlétig hűtőbe tesszük.)

A marhahúst a forrásban lévő alaplébe tesszük, a zsinórt kihagyva az alapléből (az edény nyelére köthetjük) és 15 percig dinszteljük - nagyon ritka a közepén. Húr segítségével húzza ki a marhahúst a fazékból; Tányérra tesszük, fóliával letakarjuk és 5-10 percig pihentetjük. (Ha azt szeretnénk, hogy a marhahús jobban átsüljön, tovább párolhatjuk, vagy még jobb, ha tálaláskor forró alaplével öntjük fel.)

Közben a zöldségeket a lében felmelegítjük. Vágja a marhahúst körülbelül ¼-½ hüvelyk vastag szeletekre. Minden adaghoz tegyünk egy-két szelet marhahúst egy sekély leveses tányér közepére, tegyük körbe néhány buggyantott zöldséggel, és nedvesítsük meg alaplével. Hagyja az asztalon a fleur de sel-t, a dijonit és a szemes mustárt, a tormát és a borsdarálót, hogy vendégei fűszerezzék ételeiket.

6 ADAGOT készít

SZOLGÁLÓ
Szeretek sekély leveses tányérokat használni ehhez az ételhez, és felállítom a konyhában. Vágja fel a marhahúst úgy, hogy a szeletek ¼-½ hüvelyk vastagok legyenek, és tegyen egy-két szeletet mindegyik tányérra. Adjuk hozzá a zöldségeket, és öntsünk egy kevés forró húslevest vagy a hús köré, vagy a tetejére, aki jobban szereti a húst. Tegyen tányérokat az asztalra, és hagyja, hogy a vendégek ízesítsék

adagjaikat fleur de sel-el, dijonival és a malomból származó szemcsés mustárral, tormával és borssal.

TÁROLÁS

A húslevest előre elkészíthetjük, és hűtőben legfeljebb 3 napig, vagy fagyasztóban legfeljebb 2 hónapig tárolhatjuk, a zöldségeket pedig néhány órával korábban megsütjük. A marhahúst a legjobb, ha közvetlenül tálalás előtt főzzük meg, de a maradékot letakarva néhány napig hűtőszekrényben tárolhatjuk, és szendvicsek vagy saláták készítésére használhatjuk.

Türelmesen vártam a sorban a La Grande Epicene hentesénél, Párizs legjobb szupermarketjében, és most rajtam volt a sor. Áthajoltam a pulthoz, és mondtam a hentesnek, hogy nyolc vendégnek szeretnék elég boeuf à la ficelle-t, vagyis marhahúst. Megkérdezte tőlem: "Eh?" és azt mondta: "You need jarret de veau", ami borjúhús csülök, és egyáltalán nem az, amire szükségem volt.

– Nem – mondtam udvariasan, de határozottan. "Pont-au-feu-hoz jó, de boeuf à la ficelle-t készítek, és valami finomabbra van szükségem." - Nem értelek – vigyorgott, és valaki máshoz kezdett.

Bár a franciám nem hibátlan, évek teltek el azóta, hogy valaki megértett, főleg, ha konyhai franciául beszéltem. Tudván, hogy kirúgnak, és látta, hogy ideges vagyok, a mellettem lévő nő azt mondta a hentesnek, hogy a jarret de veau valóban teljesen rossz, és Madame-nek (ez a moi) igaza van, ha valami kényesebbet kért. . . Még a másik hentes is odajött a pultnál, és "szelíd" szót súgott társának. De a pasim megismételte, hogy nem ért engem, felém fordította a vállát, és a következő vevőhöz fordult, egy csinos nőhöz, aki tőlem balra volt. Megvonta a vállam, sajnálja, és steaket rendelt vacsorára. Zúzódások – tapostam le dühösen. Nem értett engem? Harummpf.

Befejeztem a vacsora többi rögzítésének összegyűjtését, és ránéztem a most csendes hentespultra. Csak egy suttogó hentes volt, ezért odamentem, és elkezdtem ismételni az imámat. – Tudom, tudom – mondta –, ma este nyolcra boeuf à la ficelle-t készítesz. Aztán felhúzott egy pompás darab marhabélszínt, levágta, és egy hosszú madzaggal felkötötte, ahogy ehhez az ételhez kell kötni, egy hurokhoz, amivel leengedem a marhahúst a forrásban lévő alaplébe, és felemelem. néhány percen belül ki.

Megköszöntem neki – bőségesen –, majd, amikor mondani akartam valamit hentestársáról, körbe-körbe, tipikusan franciául azt mondtam: "Nagyon értékelem, hogy ilyen türelmes velem." Bingo – pontosan tudta, mire gondolok. "Madame" - válaszolta -, meg kell bocsátania a kollégámnak. Nem tudott segíteni, mert fogalma sem volt, mit készít vacsorára. Valójában meglep, hogy Ön, amerikai, ismeri a boeuf à la ficelle-t. Mi itt Franciaországban une recette perdue-nak tartjuk.

Une recette elveszett, elveszett recept. Engem lenyűgözött az ötlet.

A recept nyilvánvalóan nem veszett el attól a nőtől, aki velem várt. Valójában egy kis kulináris tanácsra támaszkodott, és azt javasolta, hogy tegyek a húsleveshez egy kanál paradicsompürét, ahogy az anyja tette. És néhány húsleveskocka is. Később este, miután követtem a tanácsát, azt kívántam, bárcsak felhívhatnám, hogy megköszönjem – ez volt a megfelelő érintés.

Boeuf à la Mode *(más néven Great Pot Roast)*

A FRANCIÁKNAK TÖMEG MÓDJA VAN, hogy az olcsó, gyakran kemény húsdarabokat olyan finom ételekké alakítsák, amelyek megemlítése megmosolyogtat – és a boeuf à la mode egyike ezeknek az ételeknek. Lényegében serpenyős sült, és bár át-belül francia, mindenkit mindenhol a nagymama lassan sült steakjére emlékeztet. (Még a nagymamám is a mellkasához szoríthatta ezt az edényt.)

Ami "à la mode"-vá teszi, és nem pörköltté, az a tény, hogy a marhahúst nem darabokban, hanem darabokban főzik. A steaket egy éjszakán át pácolják és puhára puhítják, majd jól megpirítják, és a sütőben finoman párolják fűszernövények és zöldségek, bor és konyak keverékében, valamint egy meglepetés hozzávalóban: a szardella. Amilyen magabiztosak a dobozból, olyan enyhék, sőt felismerhetetlenek ebben az edényben, finom mélységet adva.

A sütőben töltött órák után a marhahús puha, a szósz pedig gazdag ízű és ugyanolyan gazdag színű. Lefölözheti a zsiradékot, felszeletelheti a steaket, és elindulhat az asztalhoz, vagy egy-két napig eltarthatja az ételt.

KÉSZEN ÁLL: A steaket egy éjszakán át pácolni kell. És mint sok lassú tűzhely, ez az étel is pihenhet egy éjszakán át, így nagyszerű partikhoz vagy hangulatos családi étkezésekhez.

- 1 chuck, kerek steak vagy steak, körülbelül 4 font, vágott, de nem teljesen sovány

    Só és frissen őrölt bors

- 1 hagymát félbevágva és vékonyra szeletelve
- 1 sárgarépát, apróra vágjuk, meghámozzuk és kockákra vágjuk
- 1 zellerszár, levágva, meghámozva és darabokra vágva (a leveleket le kell foglalni)

    Csomó Garni - 2 szál kakukkfű, 2 szál petrezselyem, 1 rozmaring ág, 1 babérlevél és zellerszár levél megnedvesített sajtkendővel összekötve
- 1 Egy 750 ml-es palack kiadós, gyümölcsös vörösbor
- 1 egy evőkanál olívaolaj
- 4 csésze marhaaplé (lehet konzerv vagy alaplékockából vagy marhaalap alapból)

3 egy evőkanál szőlőmagolaj, repceolaj vagy mogyoróolaj
3 egy evőkanál konyakot vagy más pálinkát
4 szardella, lecsepegtetjük, leöblítjük és szárazra töröljük
2 evőkanál paradicsompüré

Adja meg a sültnek só-bors masszázst, és helyezze egy rakott edénybe, tálba vagy nagy teherbírású, cipzáras műanyag zacskóba, amelybe belefér a zöldségek és a bor. Dobd rá a hagymát, a sárgarépát, a zellert és a bouquet garnit, majd öntsd hozzá a bort és az olívaolajat. Keverjük össze mindent, amennyire csak lehetséges, fedjük le az edényt, vagy zárjuk le a zacskót, és tegyük a hűtőbe pácolódni egy éjszakára. (Ha lehetséges, időnként fordítsa meg a steaket, hogy a bor egyenletesen átjárja.)

Másnap vegyük ki a marhahúst a pácból, és ha van időnk, hagyjuk szobahőmérsékleten felmelegedni.

Közben leszűrjük a pácot, a zöldségeket és a batyukat lerakjuk, majd a folyadékot egy közepes lábasba öntjük. Forraljuk fel nagy lángon, és főzzük, amíg felére csökken, körülbelül 10 percig. Adjuk hozzá a marhahúslevet és forraljuk vissza, majd vegyük le a serpenyőt a tűzről.

Állítsa középre a sütőrácsot, és melegítse elő a sütőt 350 F-ra. Készítsen elő egy nehéz, 4-5 literes holland sütőt vagy rakott edényt fedővel.

Papírtörlővel a lehető legjobban megveregetjük a marhahúst. Helyezzen egy erős serpenyőt közepesen magas lángra, és öntsön bele 2 evőkanál szőlőmag-, repce- vagy földimogyoró-olajat. Amikor felforrt, tedd a tepsibe a sültet, és minden oldalát barnítsd meg, ügyelve arra, hogy jó színe legyen, és legyen egy kis kéreg. Helyezze a steaket a holland sütőbe, és ízesítse sóval és borssal; dobja ki az olajat.

Közepes lángra tesszük a serpenyőt, beleöntjük az utolsó evőkanál olajat és beledobjuk a lecsepegtetett zöldségeket. Kevergetve főzzük, amíg a zöldségek megpuhulnak, körülbelül 10 percig. (Mivel a zöldségek még nem száradtak meg teljesen, lehet, hogy nem lehet megpirítani, de a serpenyőben sütve pörkölt ízt kapnak.) Sózzuk, borsozzuk, beleöntjük a konyakot, majd kevergetve kaparjuk, hogy minden fellazuljon. darabok, amelyek a serpenyő aljához ragadhatnak. Tegye át mindent a holland sütőbe.

Még egyszer tedd közepes lángra a serpenyőt. Öntsön hozzá körülbelül ½ csésze boros alaplevet, és keverje hozzá a szardella és a paradicsompüré. Kevergetve addig főzzük, amíg a szardella "elolvad", néhány perc kérdése. Öntsük hozzá a maradék boros alaplevet, és keverjük össze, majd dobjuk bele a fenntartott bouquet garnit, ízesítsük sóval, borssal, és tegyük be a holland sütőbe.

Helyezze a holland sütőt közepesen magas lángra, és amikor a folyadék felforrt, szorosan fedje le az edényt egy darab alufóliával és fedővel. Tolja be a marhahúst a sütőbe, és hagyja 1 órán át zavartalanul párolódni.

Az edényt kivesszük a sütőből, levesszük a fedőt és a fóliát, majd megfordítjuk a húst. (Ez a lépés valóban nem szükséges, ezért ne aggódjon, ha nincs a közelben.) Fedjük le az edényt alufóliával és fedjük le ismét, csúsztassuk vissza a sütőbe, és főzzük még egyszer. 1½–2 óra (a teljes idő 2½–3 óra), vagy amíg a hús villával megpuhul.

Kóstoljuk meg a szószt, és ha kicsit töményebbre szeretnénk (általában szerintem úgy is jó), öntsük egy lábasba, tegyük fel nagy lángra, és főzzük a mártást olyanra, amilyenre szeretnénk. . (Ha csökkenteni szeretnéd a szósz mennyiségét, addig ne sózd, amíg le nem fogy.) Egy nagy adagolókanállal távolítsd el a zsírt a felületről, és ízesítsd sóval, borssal.

Szűrd le a szószt (ha még nem tetted meg főzéshez), és dobd ki a főtt zöldségeket (amit a férjem soha nem enged, mert szereti a puha sárgarépát).

A steaket azonnal tálalhatjuk, vagy hűtőbe tesszük (hűtéskor tartsuk a zsírt, és hidegen hámozzuk le - akkor sokkal könnyebben kivitelezhetjük) és később tálalhatjuk (lásd Tárolás).

A marhahúst felszeleteljük, és ha szükséges, a szószban felmelegítjük.

6 ADAGOT készít

SZOLGÁLÓ
A steak párolt sárgarépával, sima főtt rizzsel, vajas tésztával, párolt burgonyával vagy burgonyapürével (mindenki kedvence) illik.

TÁROLÁS

Mint a legtöbb pörkölt, ez is jó (valójában még jobb) egy-két nappal később. A boeuf à la modet jól letakarva tartsuk a hűtőben, és tálalás előtt egy kanállal távolítsuk el a zsírt, és a mártást (a zöldségekkel együtt, ha nem dobtuk ki) melegítsük át akár a tűzhelyen, akár a sütőben. Az edény légmentesen lezárható, és akár 2 hónapig is a fagyasztóba tehető.

Rövid bordák vörösborban és portóiban

NÉHÁNY ÉVE EZELŐTT, amikor Amerika szuperszakácsai úgy döntöttek, hogy a rövid bordák menők, és divatos hússzeletté varázsolták belőlük, a gazdagon márványozott marhahús téglalapjai olcsóbbak voltak, mint egy doboz Cheerios. Az, hogy egy kicsit felment az áruk, hírnevük árnyoldala; pozitívum, hogy ma már szinte mindenhol elérhetőek, beleértve a szupermarketeket is.

A rövid bordák házi marhahúsból készültek, és más házi darabokhoz hasonlóan párolásra készültek. Sőt, azt hiszem, soha nem is láttam őket másképp főzni. A párizsi barátaim biztosan így készítik őket. Követem a példájukat, és hosszan, alacsonyan párolom a rövid bordákat, és kedvem szerint – nem rázom, nem keverem vagy más módon nem zavarom őket, miközben csendesen rotyognak a nagy edényemben. De szabad kezet fogok a fűszerekkel, gyömbért és csillagánizst teszek a főzetbe, és a szokásos apróra vágott petrezselyemzöld helyett gremolata játékkal fejezem be az ételt: apróra vágott fokhagyma, koriander és klementin, mandarin vagy narancshéj. . . Imádom azt a frissességet, amelyet ezek az összetevők adnak a hosszan főtt húshoz.

KÉSZEN ÁLL: Ha teheti, készítse el a rövid bordákat egy nappal korábban, és hűtse le őket.

RÖVID RUDAHOZ

- 2 petrezselyem ágak
- 2 kakukkfű ágak
- 2 babérlevél
- 1 szál rozmaring
- 1 csillagánizs
- 2 zellerszár, vágva és vékonyra szeletelve (1 szárból tartalék levelek)
- 12 rövid bordák, mindegyikben 1 csont (körülbelül 9 font)

   Só és frissen őrölt bors

- 2 evőkanál enyhe olaj (pl. szőlőmag vagy repce)

2	nagy hagyma, apróra vágva
2	sárgarépát apróra vágva, meghámozva és felszeletelve
1	petrezselyemgyökér vagy paszternák, vágva, meghámozva és szeletelve (opcionális)
1	1½ hüvelykes darab friss gyömbér, meghámozva és durvára vágva
5	nagy gerezd fokhagyma felhasítva, csíráztatva és durvára vágva
2	evőkanál paradicsompüré
1	750 ml-es üveg gyümölcsös vörösbor (szeretem a California Syrah-t)
1½	csésze rubin port
4-6	csésze marhaalaplé (leveskockával is készíthető), szükség szerint

GREMOLATA SZÁMÁRA

	2 mandarin, 2 klementin vagy 1 narancs finomra vágott héja
2	gerezd fokhagyma, felhasítjuk, a csírákat eltávolítjuk és apróra vágjuk
3	egy evőkanál finomra vágott friss koriander (vagy petrezselyem vagy menta kívánság szerint)

A RÖVID BORDA KÉSZÍTÉSE: Helyezzen egy rácsot a sütő felső harmadába, és melegítse elő a brojlert. (Ha sütő alatti brojler van, helyezze a rácsot a brojlertől olyan távol, amennyire a készüléke engedi; 6 hüvelyk is megfelelő.) Béleljen ki egy tepsit alufóliával. Nedvesítsen meg egy darab sajtkendőt, és használja a konyhai zsinórral együtt a petrezselyem, a kakukkfű, a babérlevél, a rozmaring, a csillagánizs és a zellerlevelek kötegeléséhez; tedd mellé a csokor garnit.

A rövid bordákat papírtörlővel szárítsa meg, és helyezze őket csontos oldalukkal felfelé alufóliával bélelt tepsire. Pároljuk körülbelül 5 percig. Fogó segítségével óvatosan fordítsa meg a bordákat, és tegye vissza a broilerbe további 10 percre, vagy amíg megbarnul és ropogós nem lesz. Ha egy darab az egyik oldalán alulsültnek tűnik, fordítsa meg és süsse barnára. Tegyük át a bordákat egy nagy tálba, és ízesítsük sóval és borssal. Középre állítjuk a sütőrácsot, és előmelegítjük a sütőt 350 F-ra.

Öntsük az olajat egy akkora serpenyőbe, hogy minden hozzávaló elférjen (én zománcozott öntöttvas holland sütőt használok), és közepes lángon tesszük. Dobjuk a zöldségeket, a gyömbért és a fokhagymát az edénybe, enyhén sózzuk, borsozzuk, és kevergetve főzzük kb. 10 perc alatt, amíg megpuhulnak és kissé megpirulnak. Hozzáadjuk a paradicsompürét, csökkentjük a lángot, és folyamatos keverés mellett további 2 percig főzzük. Öntsük hozzá a bort és a portóit, adjuk hozzá a bouquet garnit, emeljük a hőt magasra, forraljuk fel és főzzük, amíg a folyadék körülbelül a harmadára csökken.

Tegyük vissza a húst a rakott edénybe - én szeretem csontos felével felfelé tenni - és öntsünk bele 4 csésze marhahúslevest. A húsnak majdnem le kell fednie; ha nem, adjunk hozzá még húslevest. Fóliával, majd fedővel szorosan letakarva a sütőbe tesszük. 2 órán keresztül zavartalanul főzzük.

Távolítsa el a fedőt, és helyezze vissza a fóliát úgy, hogy lazán fedje le a serpenyőt – szeretné, hogy a gőz távozzon. Tegyük vissza a sütőbe, és főzzük további 1 órán át, majd vegyük ki a tepsit a sütőből.

Ha van időd, tedd hűtőbe, majd tedd hűtőbe a bordákat egy éjszakán át; Másnap távolítsa el a megdermedt zsírt egy kanál segítségével, és tegye át a bordákat, csontos felével lefelé, egy sekély tepsibe, amely szorosan tartja őket. (Ha a csontok leesnek a húsról, mint általában, dobd ki őket.) Szűrd le a szószt, nyomd rá a szilárd anyagokat, hogy az összes folyadék kiszabaduljon, majd dobd ki a szilárd anyagokat.

Vagy ha hűtés nélkül folytatja a receptet, tegye át a bordákat csontos felével lefelé egy sekély serpenyőbe. Öntsük a szószt szitán keresztül egy nagy mérőedénybe vagy tálba; nyomja meg a száraz hozzávalókat, hogy az összes folyadék kijöjjön belőlük, majd dobja ki őket. Távolítson el minél több zsírt a szószból.

Melegítse elő a brojlert az állvány elhelyezésével, mint korábban. Öntsön a szószból a bordákra, hogy megnedvesedjen és bevonja, majd párolja 5-8 percig, egyszer-kétszer megfordítva, amíg megbarnul.

Közben a szósz többi részét visszatesszük a rakottba, vagy egy serpenyőbe öntjük és felforraljuk. Ha úgy gondolja, hogy a szósznak kicsit intenzívebbé kell válnia, néhány percig főzzük, hogy csökkenjen. Nagyon híg, és hacsak nem csökkented néhány kanálra, a főzés nem fog nagyon besűrűsödni. Kóstoljuk meg, ha szükséges sózzuk, borsozzuk.

A GREMOLATA ELKÉSZÍTÉSÉHEZ:Keverjük össze a tejszínt, a fokhagymát és a koriandert.

Tegye át a bordákat egy tálra, és kanalazzuk rá a szószt; tedd az asztalra a szósz maradékát. Töltsük meg a bordákat gremolatával, vagy hagyjuk, hogy a vendégek segítsenek magukon.

6 ADAGOT készít

SZOLGÁLÓ
A párolt rövid tarja természetes burgonyapürével (mindig az első választásom), tésztával, rizzsel vagy zeller gyökérpürével ([>]).

TÁROLÁS
A rövid tarját 2-3 nappal korábban elkészítheti, és lefedve hűtőszekrényben tárolhatja (a szószt ne szűrje le, és a főtt tarját közvetlenül tálalás előtt ne párolja). A maradékot letakarva 2 napig hűtőben tárolhatjuk.

www.ingramcontent.com/pod-product-compliance
Lightning Source LLC
Chambersburg PA
CBHW050152130526
44591CB00033B/1287